肥薩線の近代化遺産

熊本産業遺産研究会［編］

弦書房

肥薩線の近代化遺産◉目次

はじめに　6　遺産所在地図　10

第1章　肥薩線に《乗る》……21
川線に乗る　22／山線に乗る　30
【コラム】肥薩線沿線の駅弁・スイーツ
【コラム】明治四十三年の時刻表

第2章　肥薩線を《訪ねる》……41

川線

■八代駅
1　八代駅　42
2　日本製紙（株）八代工場クラブ　46
3　日奈久温泉街　48
4　郡築新地の樋門群　52
5　大築島（旧日本セメント八代工場の原石山）　54
6　第一映画有限会社　56

■坂本駅
7　坂本駅　58
8　西日本製紙工場跡・坂本隧道　60
9　西日本製紙鮎帰発電所　64
10　西日本製紙深水発電所　66

■葉木駅
11　鶴之湯旅館　70

■鎌瀬駅
12　球磨川第一橋梁　72

■瀬戸石駅
13 瀬戸石駅ホーム上屋 74
■白石駅
14 白石駅 76
■球泉洞駅
15 エジソンの電気自動車 78
■一勝地駅
16 一勝地駅 80
17 芋川橋梁 82
18 一勝地駅周辺の遺産（渕田酒造倉庫・棚田） 84
■渡駅
19 一本杉橋梁 86
20 第二球磨川橋梁 88
21 浦野酒店煉瓦倉庫 90
■人吉駅
22 8620型58654号蒸気機関車「SL人吉」 92

山線

■人吉駅
23 人吉機関区車庫 94
24 人吉駅1番ホーム古レール 98
25 人吉機関区の転車台 100
26 人吉駅跨線橋・燃料小屋 102
27 球磨川第三橋梁 104
28 芳野旅館 106
29 人吉旅館 108
30 人吉市の公衆温泉「新温泉」 110
31 繊月酒造焼酎蔵 112
32 人吉駅周辺の洋風建造物 114
33 山江村ボンネットバス・マロン号 118

■大畑駅
34　大畑駅　120
35　大畑駅給水塔　122
36　大畑駅の蓮華水盤　124
37　大畑駅ループ線・スイッチバック　126
■矢岳駅
38　矢岳駅　130
39　矢岳駅長官舎と井戸　132
40　D51170号蒸気機関車　134
41　矢岳第一トンネル　136
42　矢岳駅給水塔　138
■真幸駅
43　真幸駅・スイッチバック　140
44　山神第一・第二トンネルと復員軍人殉難慰霊碑　142
45　真幸鉄山　144
■吉松駅
46　吉松駅と記念碑群　146
47　C5552号蒸気機関車　148
■栗野駅
48　栗野駅　150
49　栗野駅周辺の煉瓦暗渠群　152
50　山野線跡　154
■大隅横川
51　大隅横川駅と横川周辺の街なみ　156
■嘉例川駅
52　嘉例川駅　158
【コラム】湯前線一武駅の通票ポイント

第3章　肥薩線を《知る》……163
肥薩線の歴史――開通一〇〇年小史　164
肥薩線が運んだもの　176
産業遺産としての肥薩線　181
高級官僚柳田國男が見た人吉停車場　184
肥薩線を走った蒸気機関車たち　187
復活に賭ける「SL人吉」の足跡　194
肥薩線のトンネル・橋梁群　198
わが人生の肥薩線――鉄道マンOB、大いに語る　203
肥薩線各駅の顔　211
【コラム】日本の鉄道発展と熊本人
肥薩線関連年表　218
あとがき　221
参考文献　222／執筆者紹介　226

〈表紙写真〉人吉機関区車庫に並ぶD51型蒸気機関車　（昭和四七年、山口雅宏撮影）
〈扉写真〉人吉機関区車庫　（中田浩毅撮影）

凡例

・取り上げた物件の名称は、原則として建造当初の名称や使用形態をあげ、それが現在変更されている場合は、（　）内に現名称や通称を記している。なお橋梁名称については、球磨川第一橋梁、第二球磨川橋、球磨川第三橋梁と、JR九州の台帳の表記に従った。
・物件の基本情報として、①所在地、②竣工年次を必要な範囲内で記している。
・解説は基本的に、①みどころ（建造物的価値や産業史的意義）、②来歴メモ（沿革や物語）をとりあげている。末尾に執筆者名を記した。
・掲載写真については必要な限り撮影者・提供者名を記した。その中で、本文中にある＊印は中田浩毅会員の撮影で、それ以外は各会員の撮影である。
・年号は基本的に元号表記とし、原則として、段落の最初に西暦を併記した。
・二〇二〇年七月豪雨で被災した以下の遺産について注を付した。
西日本製紙深水発電所、球磨川第一橋梁、渕田酒造倉庫、第二球磨川橋梁、芳野旅館、人吉旅館、公衆温泉「新温泉」

はじめに

現在のＪＲ肥薩線は、明治四十二年（一九〇九）に官設の鹿児島本線として開業した。これにより、念願の青森から鹿児島までの日本を縦貫する鉄道路線が完成したということで、日本の鉄道史で記念すべき路線なのである。

それから一世紀。多くの人や貨物を運んだこの鉄道路線は、名称を変え、主役を譲りながらも、熊本・宮崎・鹿児島の南九州三県を貫く産業基盤として独自の存在感を示し続けてきた。

肥薩線の魅力は、沿線の豊かな自然とともに、近代化の過程で日本が失ってきた様々なものが残っていることに由来する。これら肥薩線の近代化遺産は大きく二つに区分できる。

一つは鉄道遺産そのもの。肥薩線の鉄道遺産の特徴は、日本初のループ線や二つのスイッチバックはもちろん、球磨川を渡る三大橋梁、総数五五ものトンネル群等の建

造物がほとんどオリジナルの形で残っていることである。もう一つは沿線遺産。農林業の他に、鉱山や製紙、焼酎などの鉱工業、旅館・温泉などのサービス業に関連する遺産が、明治や大正の時代を思い起こさせる形でたくさん残っている。なかでも坂本の旧深水発電所の建物は沿線遺産の白眉であろう。

脇役に退いていた肥薩線は、九州新幹線時代の今、南九州周遊ルートの目玉として新たな脚光を浴びている。

本書は、鉄道ファンはもとより、近代化遺産に新しい発見を求める人々にも良き案内人の役割を果たすことであろう。

熊本産業遺産研究会元会長　松本晉一

二〇二〇年七月豪雨以来、肥薩線は不通となっている。関係者による粘り強い交渉を経て、二〇二四年四月に肥薩線八代—人吉間の鉄路復旧の基本合意ができた。遺産の多くは今も健在なので、本書を携えて現地を訪ねるのも全線復旧に向けての応援となろう。

熊本産業遺産研究会現会長　幸田亮一

球磨川第一橋梁（前頁）と旧西日本製紙深水発電所（中田浩毅撮影、2点とも）

鉄道開通の歌（明治四十一年）

作詞／渋川玄耳

一　宇内《うだい》の奇勝《きしょう》球磨川《くまがわ》の
沿岸《えんがん》十余里《じゅうより》山水《さんすい》の
美を集めたる大画幅《だいがふく》

二　造花の妙《みょう》をもらさじと
五百重《いおえ》の山の奥深く
雲のとばりに秘めたるを
ひらくる御代《みよ》の今日ここに

三　神秘の扉破れたり
岩根《いわね》をくぐる鉄道の
汽笛の声に山霊《さんれい》の
万古《ばんこ》の夢はさめはてて
人のたくみに驚かむ

鉄道開通記念に小出政喜氏（後の人吉市長）が渋川玄耳に作詞を依頼

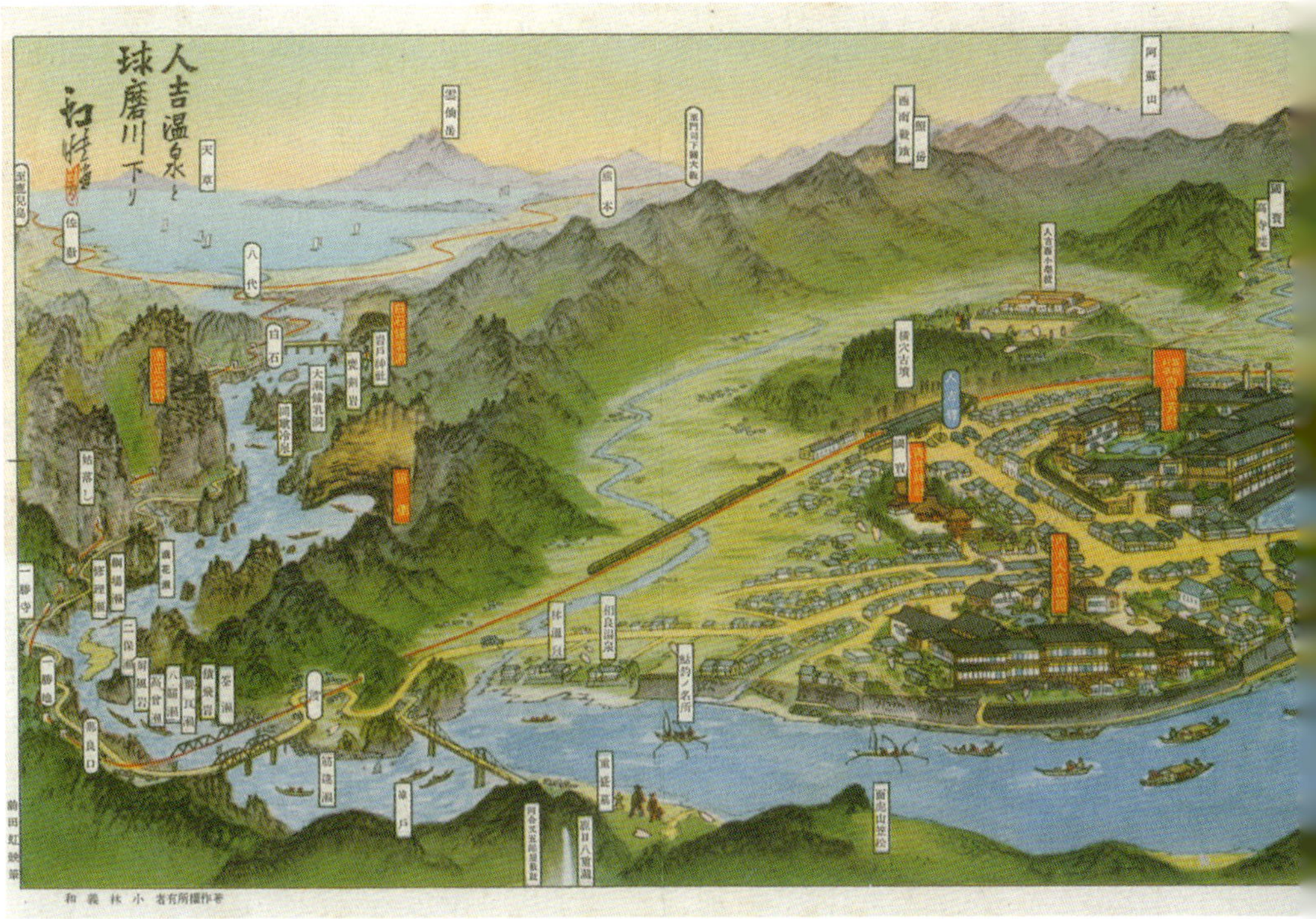

「人吉町観光図」

筆者　前田虹映

昭和15年７月30日発行

芳野旅館蔵

〔20万分の1図「八代」〕

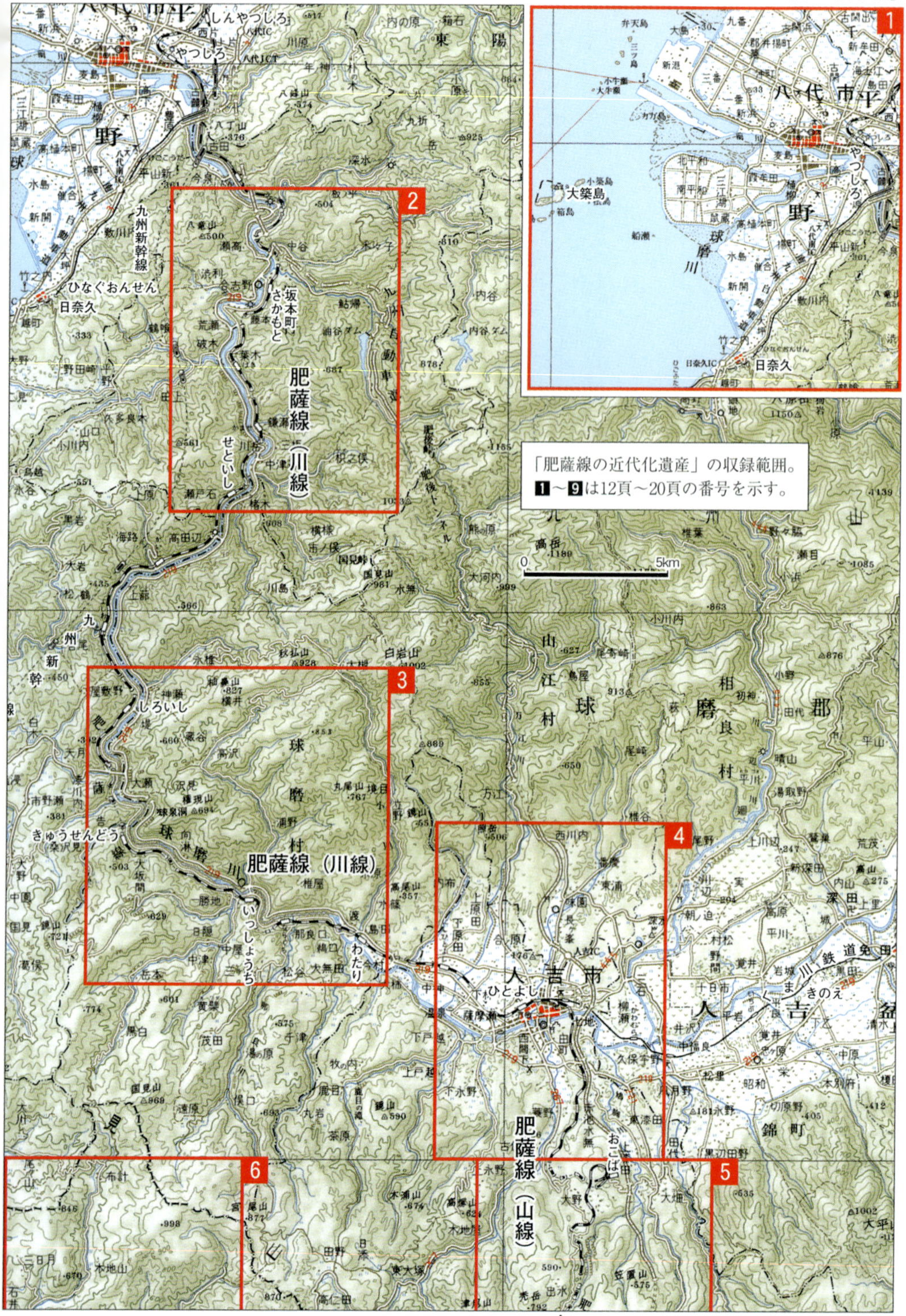

「肥薩線の近代化遺産」の収録範囲。
1～9は12頁～20頁の番号を示す。
1
2
3
4
5
6
0
5km
肥薩線（川線）
肥薩線（川線）
肥薩線（山線）
九州新幹線
九州自動車道
やつしろ
しんやつしろ
ひなぐおんせん
坂本町
さかもと
せといし
しろいし
きゅうせんどう
いっしょうち
わたり
ひとよし
おこば
きのえ
八代市
人吉市
球磨村
山江村
相良村
錦町
大築島
日奈久
球磨川

*

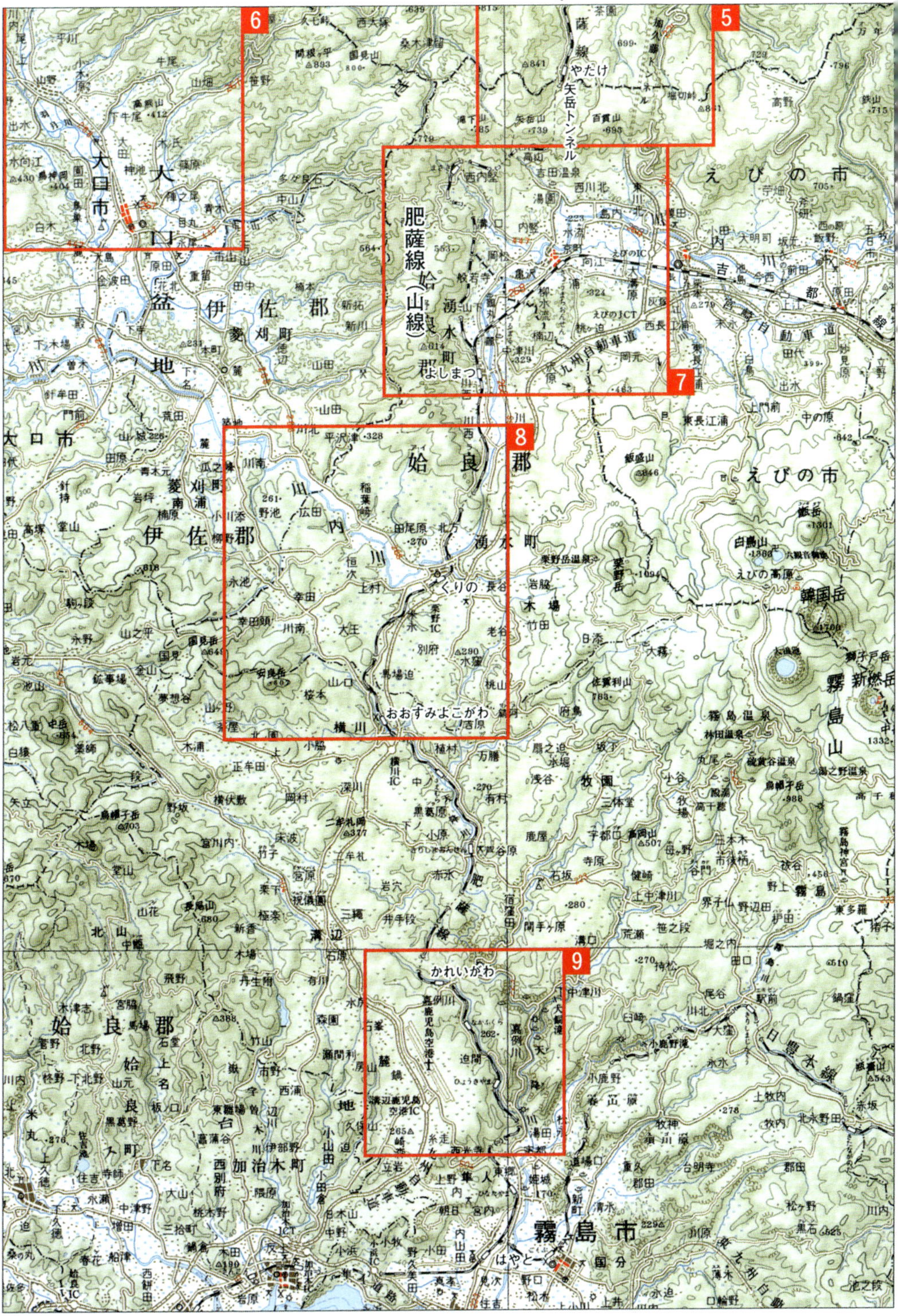
6
5
7
8
9
大口市
やたけ
矢岳トンネル
肥薩線(山線)
湧水町
よしまつ
えびの市
伊佐郡
菱刈町
姶良郡
くりの
おおすみよこがわ
横川
かれいがわ
霧島山
韓国岳
霧島温泉
加治木町
霧島市
はやと
九州自動車道
肥薩線

1

❶八代駅
❷日本製紙（株）八代工場クラブ
❸日奈久温泉街
❹－1 郡築新地甲号樋門
❹－2 郡築新地新設第一号樋門
❺大築島
❻第一映画有限会社

2

〔5万図「日奈久」〕

❼坂本駅
❽西日本製紙工場跡・坂本隧道
❾西日本製紙鮎帰発電所
❿西日本製紙深水発電所
⓫鶴之湯旅館
⓬球磨川第一橋梁
⓭瀬戸石駅ホーム上屋

〔5万図「佐敷」〕

❷❷ 8620型58654号蒸気機関車「ＳＬ人吉」
❷❸人吉機関区車庫
❷❹人吉駅１番ホーム古レール
❷❺人吉機関区の転車台
❷❻人吉駅跨線橋・燃料小屋
❷❼球磨川第三橋梁
❷❽芳野旅館
❷❾人吉旅館
❸⓿人吉市の公衆温泉「新温泉」
❸❶織月酒造焼酎蔵
❸❷人吉駅周辺の洋風建造物
❸❸山江村ボンネットバス・マロン号

⓮白石駅
⓯エジソンの電気自動車
⓰一勝地駅
⓱芋川橋梁
⓲一勝地駅周辺の遺産（渕田酒造倉庫・棚田）
⓳一本杉橋梁
⓴第二球磨川橋梁
㉑浦野酒店煉瓦倉庫

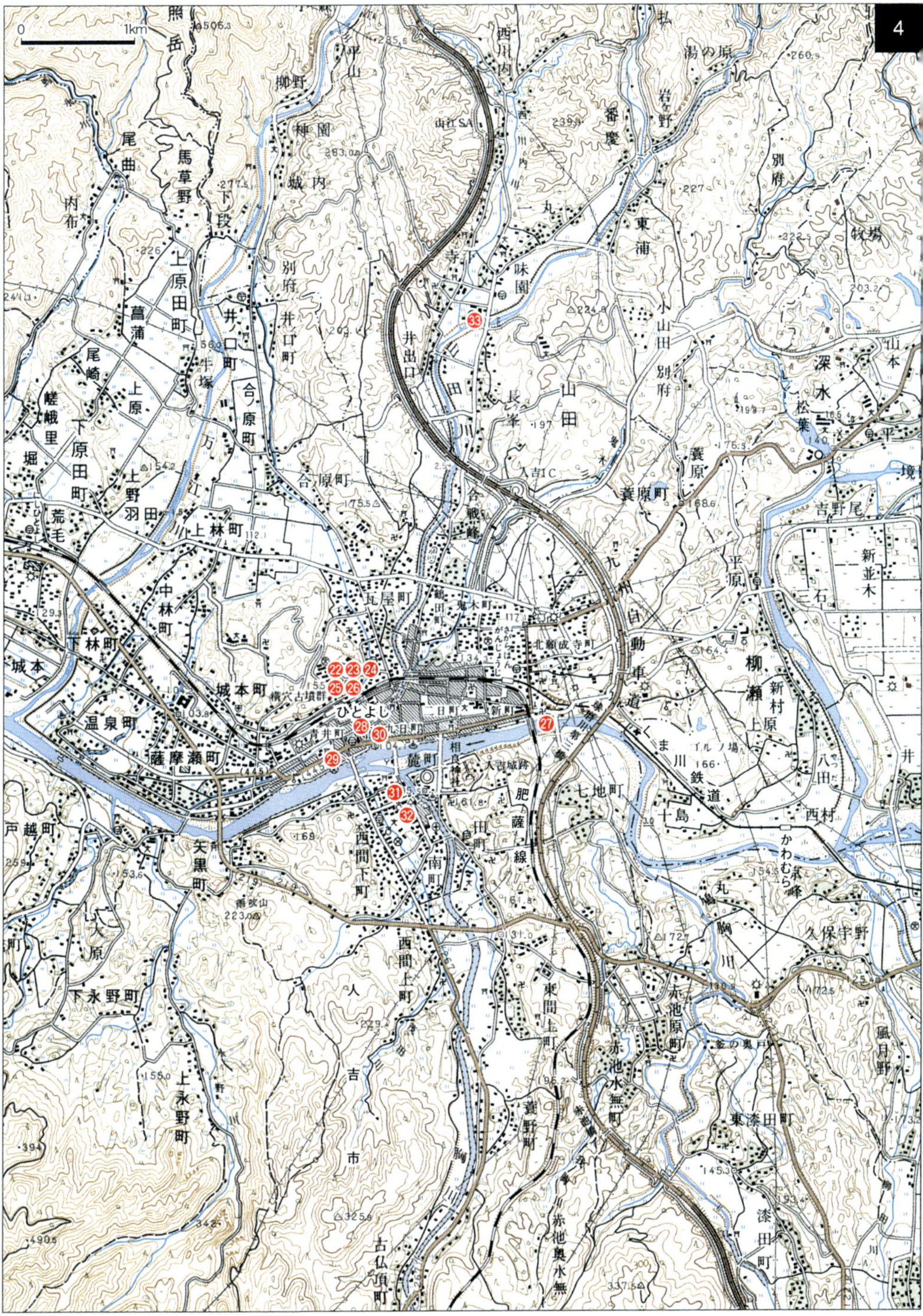
0
1km
熊岳
柳野
棟園
城内
平山
西川内
湯の原
岩野
番慶
別府
牧場
尾曲
馬草野
下段
内布
東浦
上原田町
寺下
味園
菖蒲
井口町
別府
井口町
小山田
別府
深水
松葉
尾崎
牛塚
井出口
山田川
長峯
山田
嵯峨里
上原
合ノ原町
堀
下原田町
上野
羽田
合原町
人吉IC
蓑原
蓑原町
吉野尾
荒毛
上林町
合戦峰
新並木
平原
三石
中林町
瓦屋町
鶴田町
北原成寺町
九州自動車道
下林町
城本町
横穴古墳群
柳瀬
新村原
城本
ひとよし
二日町
新町
温泉町
青井町
九日町
くま川鉄道
イルノ場
八田
薩摩瀬町
麓町
相良神社
人吉城跡
七地町
十島
西村
戸越町
肥薩線
かわむら
矢黒町
西間下町
田町
南町
丸峰
雨鼓山
丸駒川
久保宇野
大原
下永野町
西間上町
東間上町
赤池原町
上永野町
人吉市
赤池水無町
鬼の鼻戸
風月野
蓑野町
東漆田町
赤池奥水無
漆田町
古仏頂町
22
23
24
25
26
27
28
29
30
31
32
33

〔5万図「大口」「加久藤」〕

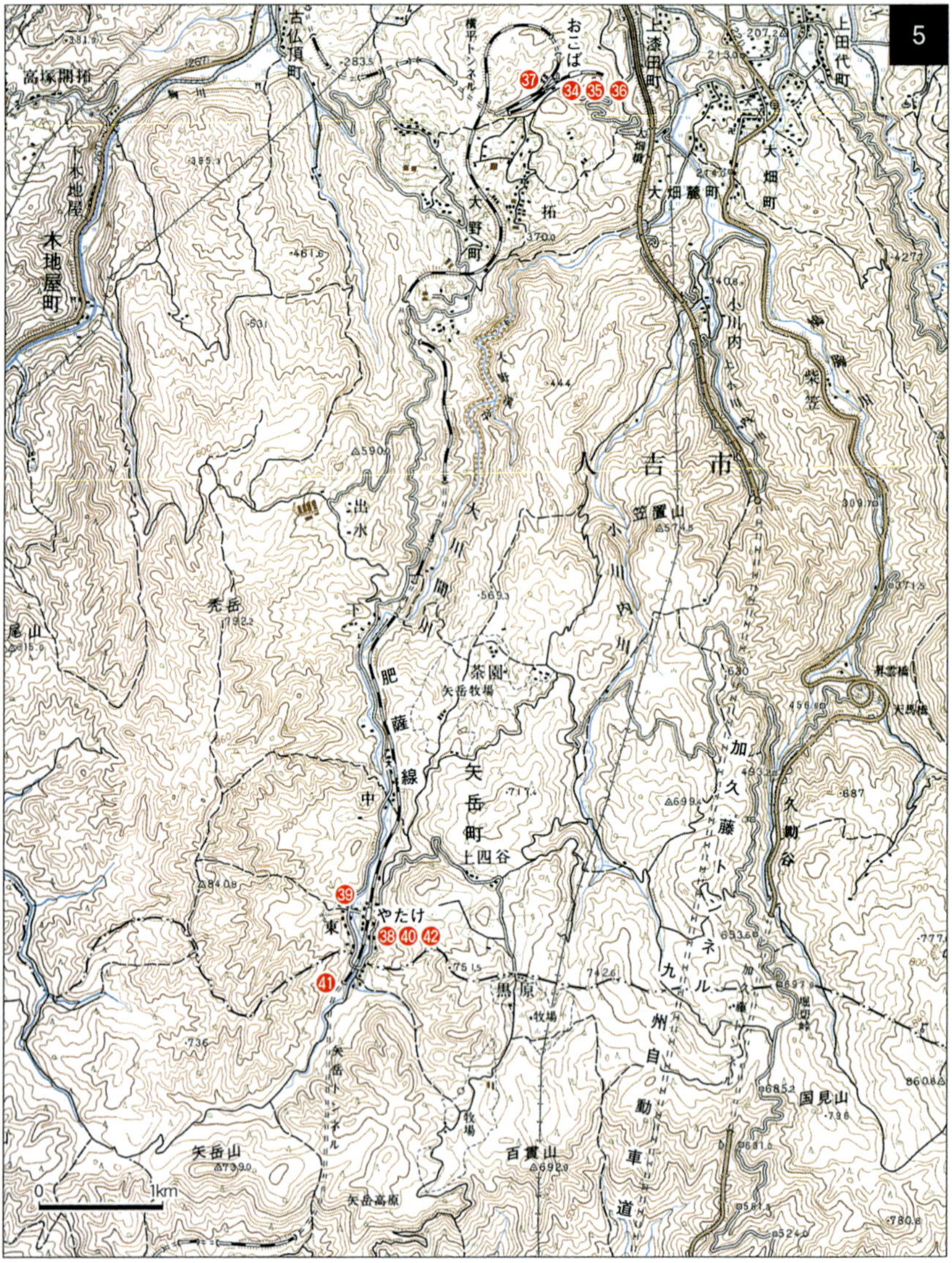

㉞大畑駅
㉟大畑駅給水塔
㊱大畑駅の蓮華水盤
㊲大畑駅ループ線・スイッチバック
㊳矢岳駅
㊴矢岳駅長官舎と井戸
㊵D51170号蒸気機関車
㊶矢岳第一トンネル
㊷矢岳駅給水塔

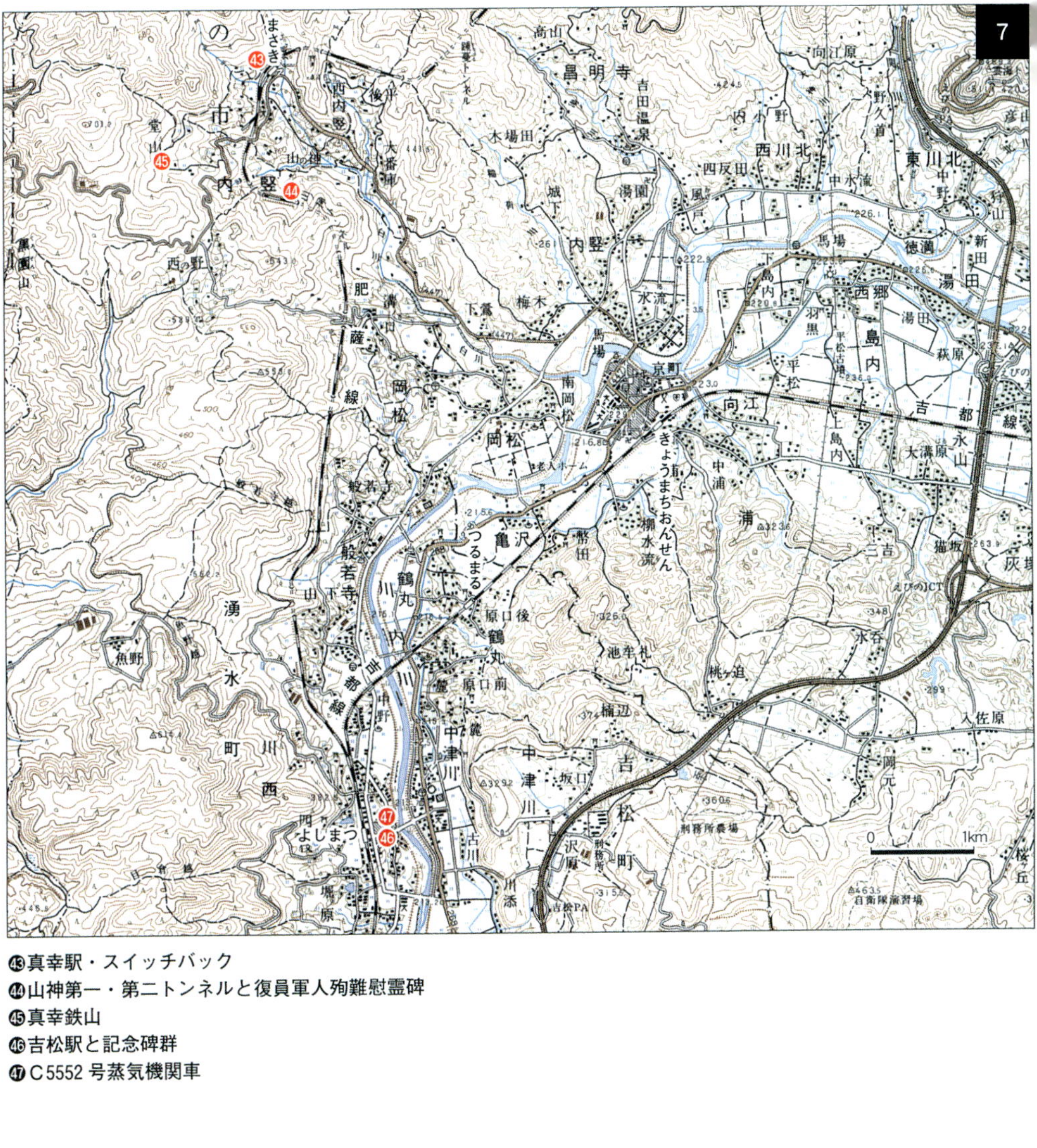

㊸真幸駅・スイッチバック
㊹山神第一・第二トンネルと復員軍人殉難慰霊碑
㊺真幸鉄山
㊻吉松駅と記念碑群
㊼C5552 号蒸気機関車

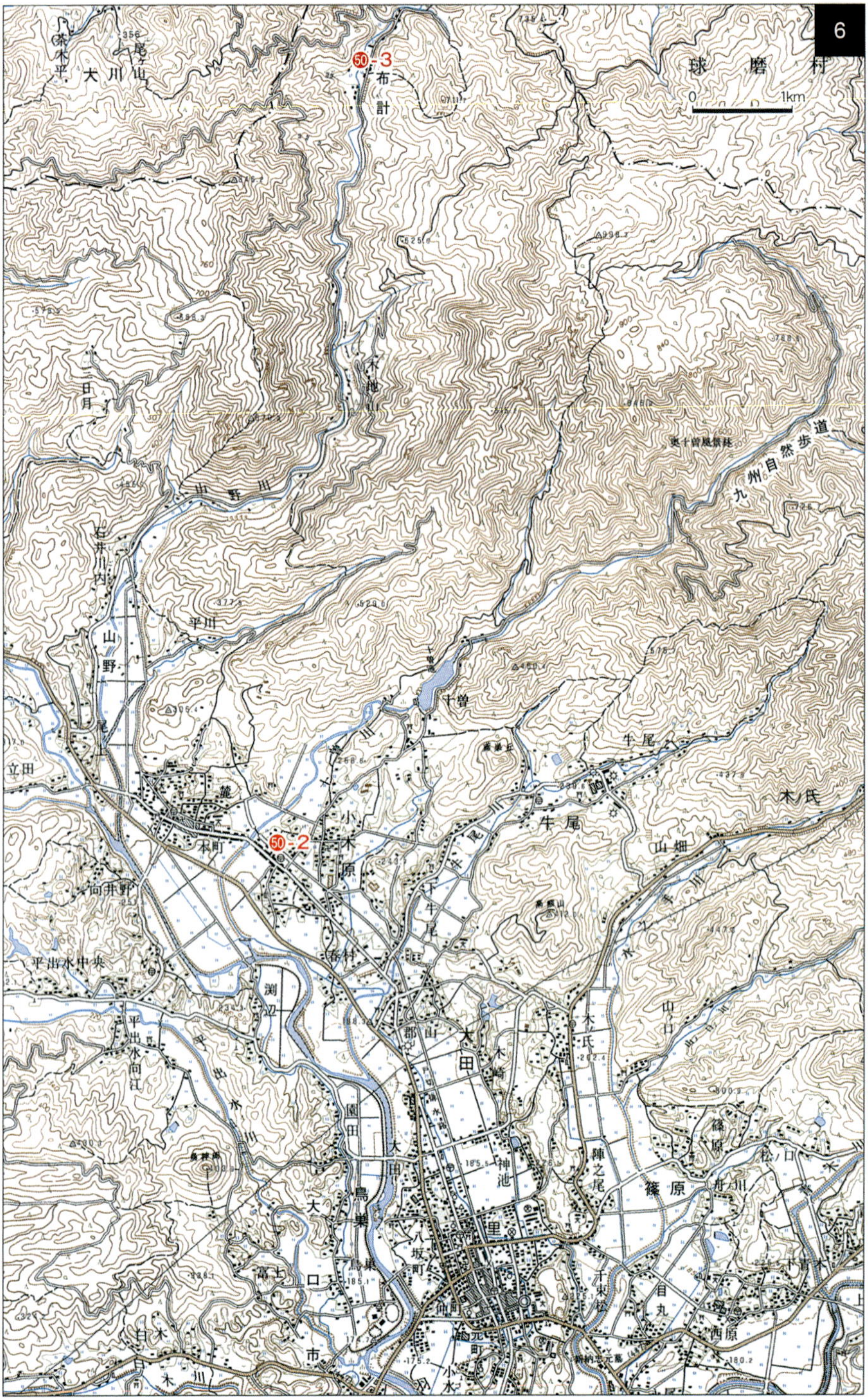
球磨村
0
1km
50-3
布計
茶木平
大川
尾之山
木地山
二日月
山野川
石井川内
平川
山野
十曽
九州自然歩道
奥十曽風景林
牛尾
木ノ氏
立田
麓
本町
50-2
小木原
牛尾
山畑
向井野
下牛尾
春村
平出水中央
渕辺
郡山
大田
木崎
木氏
山口
平出水向江
平出水川
園田
大田
神池
陣之尾
篠原
篠原
松ノ口
大
鳥巣
里
八坂町
富士
口
千束
目丸
西原
白木
白木川
市
仲町
元町
小水
羽月川

〔5万図「栗野」〕

㊽栗野駅
㊾栗野駅周辺の煉瓦暗渠群（丸池湧水暗渠）
㊿－1 山野線跡・湯之尾駅
(51)大隅横川駅と横川周辺の街なみ
㊿－2 山野線跡・山野駅
㊿－3 山野線跡・薩摩布汁駅

〔5万図「加治木」「国分」〕

9

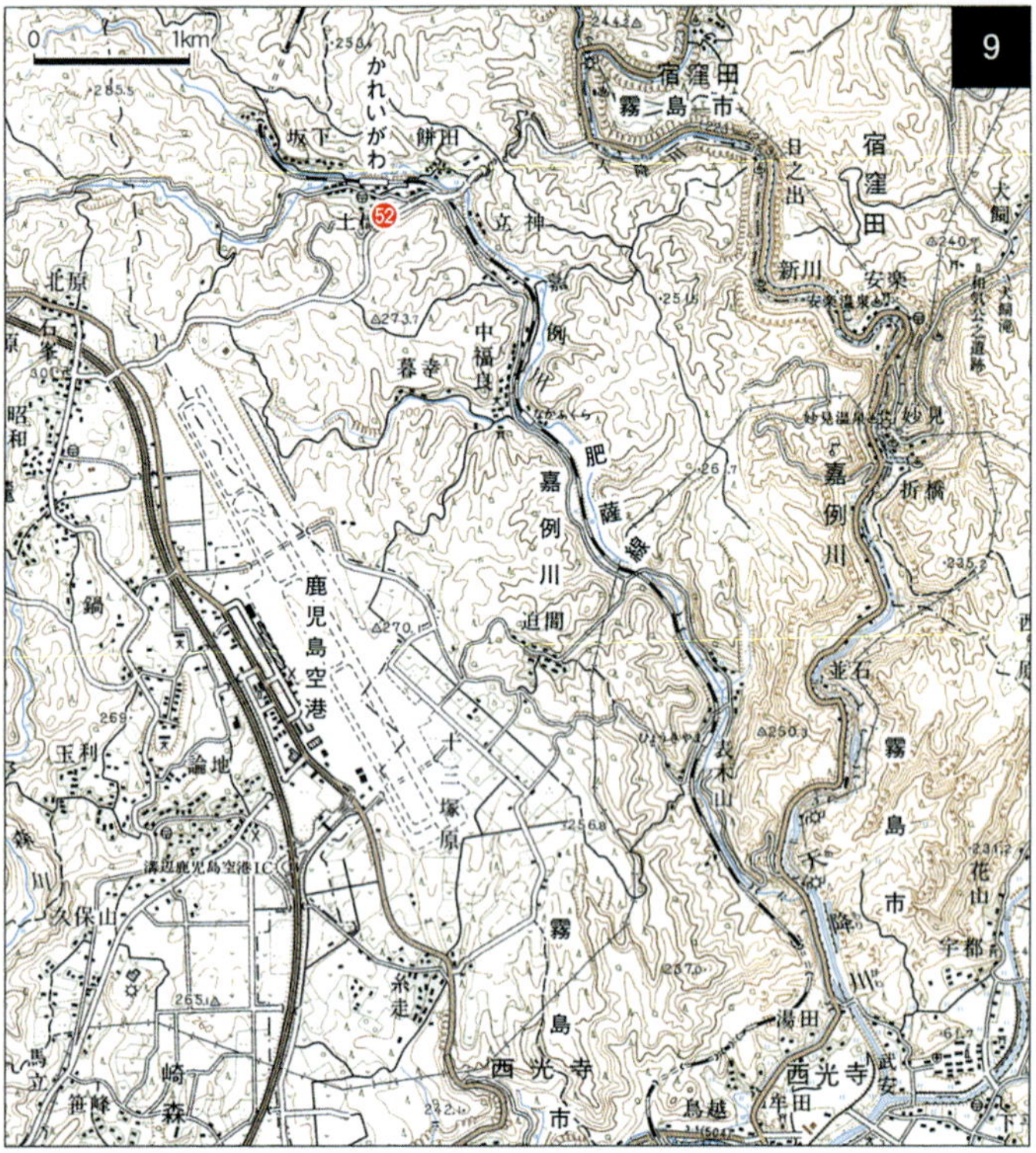

52嘉例川駅

本書掲載の地図は、国土地理院発行の５万分の１地形図、
20万分の１地勢図をもとに修正を加えたものである。

第１章

肥薩線に《乗る》

川線に乗る

JR肥薩線。鹿児島本線八代から日豊本線隼人までの一二四・二キロ。一世紀前の明治四十一年（一九〇八）六月に八代－人吉間、翌四十二年十一月に人吉－吉松間が九州を縦断する鹿児島本線として開通した。すでに吉松－隼人間は五年早く営業開始していた。大半を急流球磨川にピッタリ寄り添う通称〝川線〟、大畑や矢岳の急勾配が続く〝山線〟とも風景美で有名だが、駅舎はじめ鉄橋やトンネルなど一〇〇年の歴史を刻む遺構の宝庫でもある。

新幹線なら熊本－鹿児島中央間を約一時間、博多からでも二時間半前後で結ぶ。でも、一〇〇年前は貨客混合列車が主流とはいえ、徒歩や荷馬車に比べりゃスピードも一度に運べる量もケタ違い。現代人が新幹線「つばめ」で感じる驚きなんてメじゃなかったはず。この際、一〇〇年タイムスリップ、八代－隼人間のポイントを鈍行列車で再発見してみよう。現代風「スローな旅」こそ、スピード万能時代にはかけがえのない〝ぜいたく〟かもしれない。

フットワークの軽いディーゼル全盛時代は特急や急行列車も頻繁に運転されていた。JR肥薩線経由で熊本、鹿児島両市を最もスピーディーに結ぶのは（平成二十一年三月十四日改正ダイヤ）、熊本八時二八分発の特急「くまがわ一号」、人吉一〇時〇六分発の観光列車「いさぶろう一号」、吉松一一時二一分発の特急「はやとの風一号」と乗り継いで、鹿児島中央一二時四九分着となろう。所要四時間二十一分、八代からは三時間五十四分。参考までに、新八代－鹿児島中央間の新幹線はおよそ四〇分で突っ走る。

普通列車だけの利用（たとえば青春18きっぷの旅）なら熊本を六時五七分に出発、八代、人吉、吉松、隼人での乗り換えを含め鹿児島中央一三時三九分着と七時間弱、八代からでも六時間弱かかる。こうなりゃ、ぜいたくを通り越し、鉄ちゃん（鉄道ファン）好み、かなりマニアックな楽しみ方となる。

〈証言〉昭和五十年ごろだったかなあ。鹿児島出張の帰りに日豊、肥薩、鹿児島本線経由の急行を利用した覚えがある。当時はそんなルートの急行列車が走ってたんだね。吉松では宮崎発の急行とドッキングしたと思う。新幹線は熊本ー鹿児島を約一時間で結ぶが、旅情は感じない。（熊本市の元会社員）

八代ー坂本

昼間の八代発川線下り普通列車はたいてい一両運転、すべて人吉止まり。川の上流へ向かうが、列車番号は末尾が奇数の下りだ。非電化線だからディーゼルばかり。白いキハ40系かステンレスボディーのキハ31系が多い❶。〝列車〟なんて呼ぶのがおこがましいような単行のディーゼルは、八代のホームで重苦しい中にもリズミカルな響きをまき散らしている。乗り込んだらプシューッとドアが閉まった。ブルルンと身震いし、おもむろにホームを離れる。

❶

しばらく並行する第三セクター肥薩おれんじ鉄道の線路が離れて視界から消えたと思った直後、頭上を鉄橋で横切る。このあと、九州新幹線、九州自動車道も立て続けに頭上をまたいだり、高所から見下ろしたり❷。川の流れに忠実に従って線路を敷いた一世紀前に比べると、橋やトンネル工法の進歩もあって目的地へ最短距離で突っ走る現代との差は歴然だ。

「こいつめ」と思うが、自動車道のたくましく伸びた足はさすが現代っ子。いささか面白くないものの、まあ許してやるか。右手に広がる球磨川の多様な変化など「高速道路をすっ飛ばしちゃ絶対見られん眼福」と、負け惜しみのひとつもつぶやきながら。

人吉まで川線が開通した明治四十一年、途中駅は坂本、白石、一勝地、渡の四つに過ぎなかった。ある程度の需要が見込める集落は

2

3

それくらいだった証しだろう。せいぜい二、三両の列車が止まるには場違いなほど長いホームを持つ坂本。四、五両編成の客車列車、二〇両以上もつないだ貨物列車がごく当たり前に運転されていた時代をしのばせる❸。

坂本には少しだけ八代方面に引き返し、山すそに分かれていく線路があった。元西日本製紙の専用引き込み線。列車が構内にかかるあたりから左手に廃線跡がわかる。紙の原料になる木材チップや製品のグラビア印刷紙などを満載した貨車がこの駅で切り離されたり、つながれたりしていた。

〈証言〉知人に教えられ、この廃線跡を歩いたことがある。短いトンネルが一カ所。坂本寄りはごく普通の馬蹄形だが、工場側はかまぼこみたいな断面。複線だったんだな。なんでもトンネル内に分岐ポイントを設置したのでそんな形になったとか。全国的にも珍しいスタイルでは？

（熊本市の教師）

坂本―瀬戸石

坂本を出た列車は荒瀬ダムにせき止められた豊かな水を右手に眺め、葉木《はき》を過ぎる。ここはもともと県営の発電用ダムとして昭和三十年完成。しかし、発電方式の多様化に伴う水力依存の低下、施設の老朽化などから、平成十四年に潮谷知事により全国初のダム撤去方針が打ち出された。

ところが知事は平成二十年六月、方針を転換、ダムを撤去するより発電所を手入れした方が費用面で安く済む、と一転して存続方針を打ち出す。そして十二月県議会で正式にダム存続を表明したが、撤去に賛成していた地元住民からは強い不満の声が上がった。引き続き今の水面が見られるか、かつての急流が取り戻せるか、環境への負荷も含め注目される。

葉木から約一キロ地点で木造三階建ての鶴之湯旅館をかすめ、トンネルを抜けると間もなく鎌瀬《かませ》に到着。ここで列車の先頭に行こう。機関車が引っ張っていたころと異なり、運転席付近は展望コーナー。弁当を食べていたって即箸を置いて眺めに行かなきゃもったいない。

発車後すぐにグイッと右カーブ。第一球磨川橋梁で左岸に渡る❺。向かって右は斜め、左は垂直に組まれた赤い桁（トラス）がみるみる接近。力士が片手を土俵について仕切るポーズそっくりだ❹。座席で両方を一度に眺めるのは不可能だから、ここは絶対おススメ。ただし、ガラスの汚れで写真がいま一つスッキリしないのは残念だが……。渡駅手前の球磨川第二橋梁も同じスタイルだから、そちらで眺めてもいい。

すぐ入る鎌瀬トンネルのこけむした石と煉瓦のアーチを確かめたら席に戻る。川線はなんと二四ものトンネルが続くが、ほとんど一〇〇年前の面影を残す煉瓦造り。一部、コンクリート補修されているものの、さしずめテレビ番組〝なんでも鑑定団〟風に言えばお宝クラス揃いだ。

瀬戸石ー球泉洞

車窓左手になった川は、再び満々とたたえた瀬戸石ダムの水の姿を楽しむ区間になる。休日など対岸のポイントで水面に映える列車を〝水鏡〟と喜んで撮影している鉄ちゃんをよく見かける❻。

4

流れにピッタリ寄り添う川線は大雨や台風による洪水、土石流、山崩れ、倒木などの自然災害に見舞われることもしょっちゅう。中でも瀬戸石は昭和四十年と五十七年の二度も駅舎を流された。肥薩線の歴史イコール災害の歴史の側面もあることを忘れてはならない。

海路《かいじ》、吉尾《よしお》、白石《しろいし》など相変わらず山肌の一部を削り取ってスペースをひねり出したような駅を過ぎる。吉尾では駅前にひなびた吉尾温泉送迎のマイクロバスが止まっているのを見ることもあるし、白石では列車が交換することも。昭和六十三年に大坂間から名前が変わった球泉洞《きゅうせんどう》に着く。九州最大の鍾乳洞最寄り駅だが、一キロくらい引き返して対岸に渡った上、国道までリフトで登らないといけない。残念ながらマイカーや観光バスに軍配が上がる。列車からはほんの一瞬、森林館の丸いドームが望める。

❺

❻

〈証言〉駅舎流失の時ではないが、台風下、人吉発の上り貨物に乗務した。白石で出発信号は青なのに、叩きつけるような雨、強風で進めそうもない。最終責任は車掌にある。発車を見合わせたがほどなく停電、鉄道電話も不通で結局足止め。災害によく悩まされた線だった。

（熊本市の元国鉄マン）

球泉洞ー渡

一勝地《いっしょうち》を過ぎ、那良口《ならぐち》あたりまで来ると流れは岩を噛み、〝急流〟の名に恥じない。タイミングよけりゃ川下り舟やラフティングを楽しむ人たちが見える。しかし、走る車内から写真を撮るにはかなり要領がいる。カメラを構え、ここだ、とシャッターを押した瞬間、非情にも目の前を電柱や線路際の潅木が……、となるケースが多いのだ。

　この付近だけとは限らないものの、川線沿線は雨上がりなど林の間から湧き立つ霧が余計なものを隠し、さながら山水画の趣になる❼。この風情は一〇〇年前も今も変わるまい。いかな旅ファンでもドシャ降りは敬遠したくなるけれど、川線で水の多様な姿を味わうには小雨や雨上がりはむしろ歓迎すべき日和である。

〈証言〉梅雨のシーズン、友人たちと上り列車に揺られていた時のこと。雨がやみ、対岸の杉林がシルエットみたいに絶妙のトーンで見えるの。居間に掛けていた東山魁夷画伯のカレンダーにそっくり。思わず息をのみました。とっさに〝走る美術館〟と言ったのを覚えています。

（熊本市の主婦）

渡ー人吉

第二球磨川橋梁で再び右岸に戻った列車はほどなく渡《わたり》

着、深い山すそにへばりつくような駅ばかり続いたが、ちょっと周囲が開けてきた。城山トンネルを抜けると人吉盆地。それまでウンウンうなるようだった列車の走りが、タンタラランと心なしかギャロップ調に変わる。桜の名所・西人吉を過ぎると間もなく終点人吉。蒸気機関車全盛時代の煤《ばい》煙のなごりでどす黒くなった石造りの機関庫を横目に見ながら静々と到着❽（山口雅宏撮影）。

「九州横断特急」「くまがわ」など観光客の利用が多い特急列車なら、「旅愁」（オードウエイ曲）か「故郷の廃家」（ヘイス曲）のメロディーが迎える。待合室に併設された観光案内所のテープによる演出。どちらも人吉生まれの犬童球渓《いんどうきゅうけい》が詞を付け、明治四十年に発表された（「日本の詩歌・別巻」、中公文庫）。川線開通の一年前というのも不思議な因縁を感じる。もちろん、選曲した人はそこまで考えたわけでなく、人吉を代表するなら球渓という発想だったのだろうが……。

平成二十一年（二〇〇九）四月、川線に蒸気機関車５８６５４（８６２０型、通称「ハチロク」）が帰ってきた。豊肥線で「あそＢＯＹ」として活躍したが、老朽化で引退。しかし地元の強い要望もあって再復活した。北九州市の小倉工場で徹底的な修理が行われた。もともと川線の主役として走っていた一両。矢岳越えＤ５１型の野太い汽笛（専門的には五列音と呼ばれる）と異なり、独特のソプラノ音（三列音）が周辺の山々や川面にこだまする。耳からも楽しめる川線の旅情、さらに魅力が増すだろう。

こじんまりした駅前広場。運がいいとからくり時計から民謡「球磨の六調子」が流れ、お殿様や町人の人形が愛敬を振りまく。それを眺めたら青井神社へ❾。平成二十年六月、国宝に指定された。片道五分もあればいい距離なので、よほど乗り継ぎ時間がない場合や先の予定が

⑧

⑨

詰まっている時以外は参拝したい。余裕があるなら人吉城跡まで足を伸ばすのも、旅の楽しみを倍加させる。

【コラム】肥薩線沿線の駅弁・スイーツ　列車で景色を眺めながらおいしいものを食べるのは旅の楽しみのひとつ。肥薩線沿線の駅弁や甘いものを紹介しよう。当初、「駅の売店で手に入る」を基準にしたものの、八代、人吉以外はキヨスクやコンビニそのものがない。そこで駅前の土産品店あたりまで範囲を広げ、通りがかりの旅人として手に入るものを選んだ。

駅弁は八代の頼藤商店が作る「鮎屋三代」が各種コンテスト上位常連。丸ごと1尾の鮎が人気の的。このしろの姿寿司もいい。人吉は全国でも珍しくなった立ち売りがある。鮎ずしや栗めしが知られるが、平成十九年に登場した「鶏のてりやき弁当」もボリューム感がある。嘉例川の「百年の旅物語・かれい川」は駅売りが土日、特急車内が金土日の予約限定販売ながら、「第五回九州の駅弁ランキング」では二年連続トップに輝いた。新八代や八代の「鮎屋三代」は三位、人吉の「栗めし」は八位。新しくベストテン入りした鹿児島中央の「鰹一本釣り弁当」なども含め、肥薩線関係の健闘が目立つ。

お菓子では八代が彦一もなか、人吉は焼酎もなかが定番だろう。ほかに八代では特産の晩白柚（ばんぺいゆ）やトマト、い草を使ったゼリーや菓子が現代風スイーツとして登場。人吉でも温泉饅頭、青井さんまつりといったローカル色を名乗るお土産がある。吉松駅から三分ほどの宮下菓子舗の汽笛まんじゅうは石炭をイメージしたという揚げまんじゅう。古い客車を模した建物と腕木式信号機が目印。

（中村弘之）

山線に乗る

人吉ー大畑

川線より一年半遅れ、難工事の末に開通した人吉ー吉松間の〝山線〟は観光列車「いさぶろう」「しんぺい」を含め五往復。開通当初、青森から鹿児島まで列島縦貫線完成と喧伝されたなんて信じがたい超閑散線区になってしまった。ちなみに明治四十三年（一九一〇）十二月のダイヤ改正時には、客貨合わせて八往復が設定されているのだから、列車密度は比較にならない。

赤い塗料でテカテカ化粧した観光列車（人吉発吉松行きの下りは「いさぶろう」、上りは「しんぺい」）はキハ４７型⑩。座席や窓に工夫を凝らす、改造車だ。景色が眺めにくい二号車運転席寄りの七席（ロングシート）以外は座席指定券がいる。

もちろん、普通列車だから、乗車券だけで乗っても構わない。ただし、立ちんぼ覚悟で……。とは言え、各駅で外に出て一服する時間はあるし、所要時間そのものが

⑪

⑩

12

13

全コースでも一時間一五分程度。さして苦にはなるまい。

〈証言〉へえ、これは古いディーゼルカーを改造した車両なの？　でも、屋根まで張り上げた大きい窓なんか、いかにも観光列車、って感じでいいわねえ⓫。色も浮き浮きさせてくれながら落ち着きがある赤とでもいうのかしら、なかなかシック。また、乗りに来たくなるわ。

（北九州市の女性グループ）

人吉のホームを離れた列車は、かつて湯前線だった三セクくま川鉄道としばらく並走。第三球磨川橋梁で川にさよならすると、いよいよ山線の本領発揮。二五パーミルから三〇パーミルの坂にエンジン音が高くなる。一キロ走って平均約三〇メートルという高低差をえんえん登り詰めたら大畑《おこば》のホーム。「やれやれ、一休み」という感じで止まった。朝顔型の手水鉢や蒸気機関車時代の石造りの給水塔を見学する時間がとってある。

普段は駅員がいない無人駅。ひっそりした駅舎内の壁には訪れたファンの名刺や旅の思い出を書き込んだ手帳の切れっぱしなどがズラリと張られ壮観だ⓭。桜のシーズンならホームでつかの間の花見が楽しめる⓬。赤い車両や黒ずんだ駅舎とのコントラストがいい。近くにある梅園も、花を愛でる人吉市民たちの人気スポットだ。

大畑—矢岳

さあ、いよいよ山線最大の見せ場の始まり。一息入れた列車はゆっくりバックしだす。初めての人は「あれっ、後ずさり？」と驚くが、スイッチバックにかかったのだ。一分ほど走り停車。再び進行方向が変わると、今度は左へ左へとループ線で急勾配にアタック。球磨盆地が望める地点とさっきまで小休止していた大畑のホームが左下に小さく見える地点の二カ所で停車サービスする。そう、ここはスイッチバックとループ線を合わせ持つ、日本一ぜいたくな駅。鉄ちゃんや旅ファンにはつとに知られている。

〈証言〉急行「えびの1号」はいったん停車、逆行してホーム手前のポイントで山側へ入り、横腹を見せながらループ線へと消える。列車の音は遠ざかる一方になるはずだが、大畑の場合は走行音が消えそうで消えない。遠くなったかと思うと近づく。

（宮脇俊三「車窓はテレビより面白い」抜粋）

一息ついた列車はまた山登り。一部、高原の趣を漂わす区間もあるが、相変わらず蒸気機関車が難渋したトンネルやカーブ、坂が続く。一〇〇年も前によくまあこんなところに、と感動する。肥薩線で最も高い駅矢岳《やたけ》（標高五三七メートル）にゆっくり停車。山線のスターだったD51型170号機が保存されている。黒光りする巨体の見学時間がとってあり、女性の客室乗務員が気軽にカメラのシャッターを押してくれるなどサービス満点。

矢岳―真幸

矢岳を出た列車は間もなく二キロ超の矢岳第一トンネルに入る。蒸機時代、吉松から登ってくる機関士泣かせだった難所だが、ディーゼル、しかも下り坂だから楽々。このトンネルの石と煉瓦のかもし出すハーモニー、これはもうお宝どころか一世紀の風雪に耐えた立派な芸術品だ。

トンネル上部の人吉側に当時の逓信大臣山縣伊三郎の「天険若夷」、吉松側に鉄道院総裁後藤新平の「引重致遠」の石額がかかる。「険しい山道も平地を行くように容易になり、重い物を遠くまで運べるようになった」とトンネル開通を称えている意味だそうだ。列車名がこの二人からとられたのは説明するまでもない。石額は車内のビデオで確認しよう。

かつて日本三大車窓展望とされた霧島連山の絶景ポイントでまた止まる⓮。北海道の狩勝峠から十勝平野を眺められた区間は急勾配緩和のためトンネル新線に変わり魅力半減。長野の姨捨は電化され、建設当初のままの雰囲気を留める線路はここだけ。韓国岳《からくにだけ》を主峰とする霧島連山やえびの高原などの雄大な眺めを堪能しよう。

〈証言〉松本から長野まで篠ノ井線に乗ったことがある。ところが特急電車だったのであっけなく通過。

⑭

お天気も今一つ。眼下に広がるはずの善光寺平や棚田などをゆっくり眺める暇もなかった。九州人の身びいきかもしれないが文句なしに霧島連山の雄大さに軍配を上げる。

（長崎の医師）

真幸ー吉松

矢岳から列車はほぼ下りばかりの線路を軽快に駆け下りる。山線もう一つのスイッチバックで真幸《まさき》駅に到着。ホームの幸福の鐘を叩かせる演出に女性客が行列する⑮。たまには、いい年したおっさんも、ちょっと照れくさそうにカーン。ホームには昭和四十七年（一九七二）の山津波の際に転げ落ちてきた大石がそのまま展示されている。

吉松を目指す列車は山神第一トンネルを抜けて停車。林の中に「復員軍人殉難碑」が見える⑯。第二次大戦直後、吉松から登ってきた満員列車がこれから通る山神第二トンネルで立ち往生。立ち込める煙に耐えきれなくなったお客は次々列車を飛び降り、出口へ向

⑮

16

17

かった。そこへ突然バックを始めた列車。碑はその時轢かれて亡くなった多くの犠牲者を悼んで建てられた。一世紀近い歴史にはこんな悲劇もある。しんみりした気分が抜けぬまま吉松《よしまつ》のホームに降り立った。

駅前には立派な「吉松駅開業百周年記念碑」の横に蒸気機関車48674（8620型）のスポーク型動輪などを展示⑰。反対側の鉄道公園にはC55型52号機が静態保存されている。どちらも蒸機時代の機関区があった吉松にふさわしい記念物だ。乗り継ぎまで時間があるならぜひ対面したい。わざわざ福岡から吉松へ来て、現役だった五二号機の前で挙式した鉄ちゃん夫妻までいる。「そこまで惚れ込んだか」と脱帽だ。その後も記念日ごとに子どもたちともども訪れる。

ごく自然に鉄ちゃんになった長男も北九州市門司区の九州鉄道記念館に展示されているC59型1号機関車の前で挙式したそうだから、継承するDNAもハンパじゃない。

〈証言〉昭和四十八年十月十四日、この日は一〇一回目の鉄道記念日だ。私たちはC55型52号の前で結婚式を挙げた。筑豊線でなじみ深かった機関車。機関区助役が一升瓶で三三九度の盃に酒を注いでくれる。「記念に乗って行かんね」と誘われたが、さすがにそれは辞退した。

（宇都宮照信「機関車に片思い」抜粋）

吉松―大隅横川

肥薩線は隼人《はやと》まで残り約四〇キロ。特急「はやとの風」もあるけれど、やっぱり鈍行列車にしよう。山線ほどじゃないが、几帳面にアップダウン、カーブを繰り返す。

⑱

⑲

実はこの区間、山線、川線より一足先に開業した先輩だ。一駅ごとに歴史を学びたい区間である。

　吉松、栗野《くりの》、大隅横川《おおすみよこがわ》、嘉例川《かれいがわ》、隼人などいずれも明治三十六年（一九〇三）生まれ。吉松を出た列車が最初に止まる栗野のホームは一風変わっている。本屋に最も近い側はフェンスで仕切られ、乗客は跨線橋を渡って二、三番ホームを利用せねば列車に乗れない仕組み。かつて栗野で分岐、水俣市と結んでいた山野線がこの一番ホームを発着していたのだ。転落防止のフェンスがそれを教える。駅から少し歩いた田んぼの中に鉄橋が残ったままの築堤が続く。

　山野線の薩摩布計ー久木野間にも一カ所ループ線があった。すでに廃線から二昔。廃線にならなかったら肥薩、山野両線の鉄道遺産を訪ねるツアーが脚光を浴びたかも……、と惜しまれる。

　栗野の次、大隅横川もなかなか風格のある木造駅舎だ。ホームの柱に第二次大戦時の米軍機銃撃の跡がくっきり⑱。列車内から確認できる。構内も広く、嘉例川同様もっと評価されていい駅、とする声も多い。この駅近くでも頭上を走る高速道路が見え、スロー旅派はジェラシーを感じるのだが……⑲。

大隅横川ー嘉例川

先輩駅よりやや遅く開業した霧島温泉。それでも人吉と同じ明治四十一年（一九〇八）だから一〇〇年以上前だ。かつて駅名は牧園、霧島西口だった。三度目の改称で、平成十五年（二〇〇三）から現在の駅名を名乗っている。

　駅弁まで売り出して近年大ブレーク中の嘉例川は鹿児島空港まで車で約一五分の最寄り駅。杉林の上に上昇する飛行機が小さく見えることもある。かつて列車交換できた線路は撤去され、本屋側一線だけしかないのは意外だ。観光バスが連なる日もある。「駅を見るなら列車で来ては……」なんて天邪鬼が頭をもたげる。

　地元の人が愛着を持ってこまめに清掃、手入れしているのが列車からもよくわかる。俳優の榎木孝明がこの駅を描いた絵はがきセットを、何年か前に特急「はやとの風」車内で買ったのを思い出した。

〈証言〉駅を大切にし、お客様をもてなす源は地元の人、特にお年寄りパワーです。清掃などよく協力されますよ。駅前の「ふれあい館」で地域活性化のお手伝いをしていますが、日曜ごとに自宅で採れた野菜を並べ、お客様と会話を楽しむ姿を見ると、うれしくなりますね。（ふれあい館の女性館長）

嘉例川ー隼人

　中福良《なかふくら》を過ぎ、読み方にちょっと首をひねりそうな表《ひょう》木《き》山《やま》。あまり変哲もない山中の無人駅だ。人気の嘉例川がいわば〝単線〟なのに、ここは列車交換できるのがおもしろい⑳。昼間、乗降客ゼロの列車同士が薄青い排気を上げながらすれ違っていくさまは鉄ちゃんを喜ばせる。ひとときの踏切警報音とエンジン音が消えると、静かな山里に戻る。

　次の日当《ひなた》山《やま》付近まで来ると人家が増え、市街地が近いことを実感させる。片面ホームの駅名板を眺めながら「そう言えば日向山温泉は西郷隆盛が天下一の名泉と評したとパンフレットにあったな」と思う。列車は隼人へ向けラストラン。
　隼人はもともと国分だった。昭和四年、日豊本線に現在の国分が開業した際、そちらに名前を譲り西国分と改名。しかし、わずか一年で現在の隼人になった。「〝薩摩隼人〟に通じる。いかにも鹿児島らしいいい名前を付けてもらってるんだ」と独り合点しながらホームに降り立った。今の肥薩線、実際は薩摩の国を通らないんだがな、なんて考えもちょっと浮かぶ。しかし駅を出て振り返ったら、正面の駅名の前に丸に十字の島津藩の紋が。

外野席がなんと言おうと、やっぱり薩摩の誇りに満ちたところなのだった。

歴史に残る名湯、秘湯

沿線は霧島火山系に属し温泉が多い。観光パンフレットを開いても霧島温泉郷、妙見温泉、天降川《あもりがわ》温泉、日当山温泉などズラリと並ぶ。幕末から明治にかけて活躍した偉人たちもけっこう利用したそうだ。中でも栗野が最寄り駅の栗野岳温泉は秘湯の一つ。征韓論に敗れて帰郷した西郷が、愛犬とともに狩猟に明け暮れたエピソードで知られる。西南戦争前年、明治九年のこと。

慶応二年、寺田屋事件で傷を負った坂本龍馬が西郷らのすすめでお龍《りょう》さんと湯治した天降川の新川渓谷温泉郷塩浸《しおひたし》温泉は嘉例川駅から徒歩約二〇分。日本で最初の新婚旅行と言われ、二人の銅像もある。（中村弘之）

【コラム】明治四十三年の時刻表　人吉市鍛冶屋町の立山商店（立山茂代表）に明治四十三年十二月一日改正の人吉駅時刻表（当時の表記は発着時間表）が保存されている㉑。「久運会社人吉駅取引店」「北御門運輸部」の発行。この一枚から見える一世紀前の肥薩線（当時の鹿児島本線）列車の様相を他の資料と突き合わせながら推理してみた。

列車本数は上下とも一一本。急行一、普通三、混合三、貨物列車四本。ただし人吉始発と止めの列車があり、実質的には熊本方面九往復、鹿児島方面八往復だ。混合と合わせると貨物の比率がずいぶん高い。鉄道開通は人の動きより、物資の動きを劇的に変え、いわば「物流大革命」を起こしたことがよくわかる。

もちろん、人の動きも比較にならぬほど活発になったはず。夜行列車など「東京接続」（運賃表にある通り当時は新橋）の文字が見え、「〒、食、寝」などのマークで、急行から普通まで旅客列車はすべて食堂車を組み込んでいるのが目を引く。東京接続といっても客車は門司（現在の門司港）止まり、お客の方が関門海峡を連絡船で乗り継いでいた時代だ。

このころの食堂車や寝台車は合造車。私鉄時代の九州鉄道は明治三十二年、一等食堂合造車ホイシ5080型を製造している㉒。定員二〇人の一等客室と八人の食堂に仕切られたタイプ。一等客室は前向きリクラ

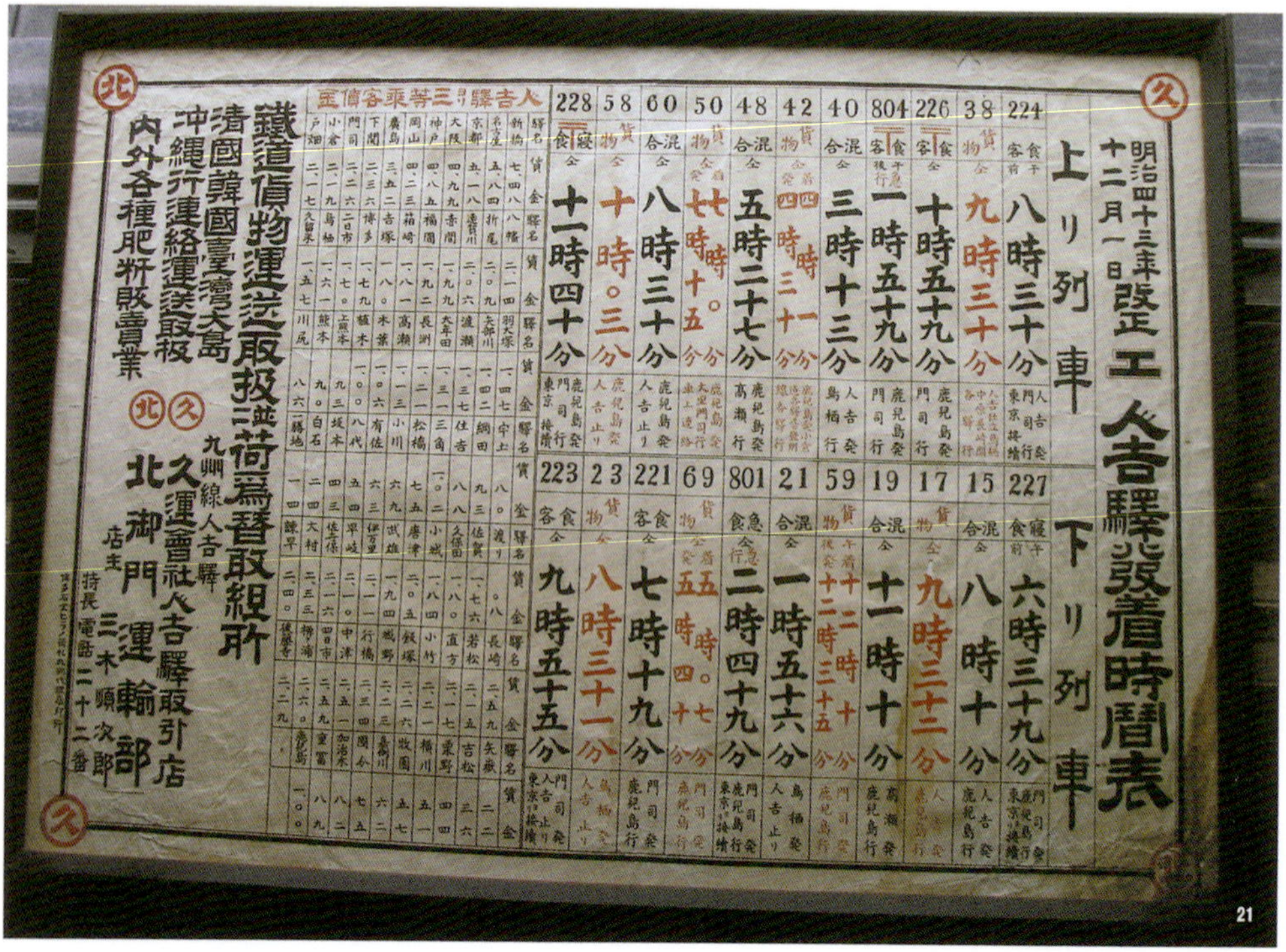

21

イニングシートの現代のグリーン車と異なり窓を背にした通勤電車みたいな座席配置だ。食堂は四人と二人テーブルが一脚ずつ、一人掛けのテーブルが二脚。竣工図にはドイツ・バンデルチーペンと小倉工場のメーカー名を併記。恐らくドイツ製をモデルに自社工場で増備したと考えられる。

九州鉄道は四十一年、定員四人の特別室と二三人の食堂を持つスシ9150型をアメリカ・ブリル社に発注した。しかし到着前に同社は国有化（鉄道院）され、営業に使われることはなかった。後に「幻の豪華列車」と呼ばれる三軸ボギー車だ。この時期、オイシ9185型㉓も製造されている。最初に肥薩線を走った食堂車はホイシかオイシのどちらかだろう。

この時刻表で「食」と表示された八本の列車は「日本食堂30年記念誌」に、明治四十五年、門司の日本亭（武田祐光）請負とある。これより三年前の四十二年、日本亭は肥薩線以外で洋食堂車の営業を委託されている。とはいえ、冷蔵庫などなく、車内の水タンク容量もごく小さかったはず。パンは始発駅で積み込み、車内では肉や魚、スープを温める程度でなかったか。

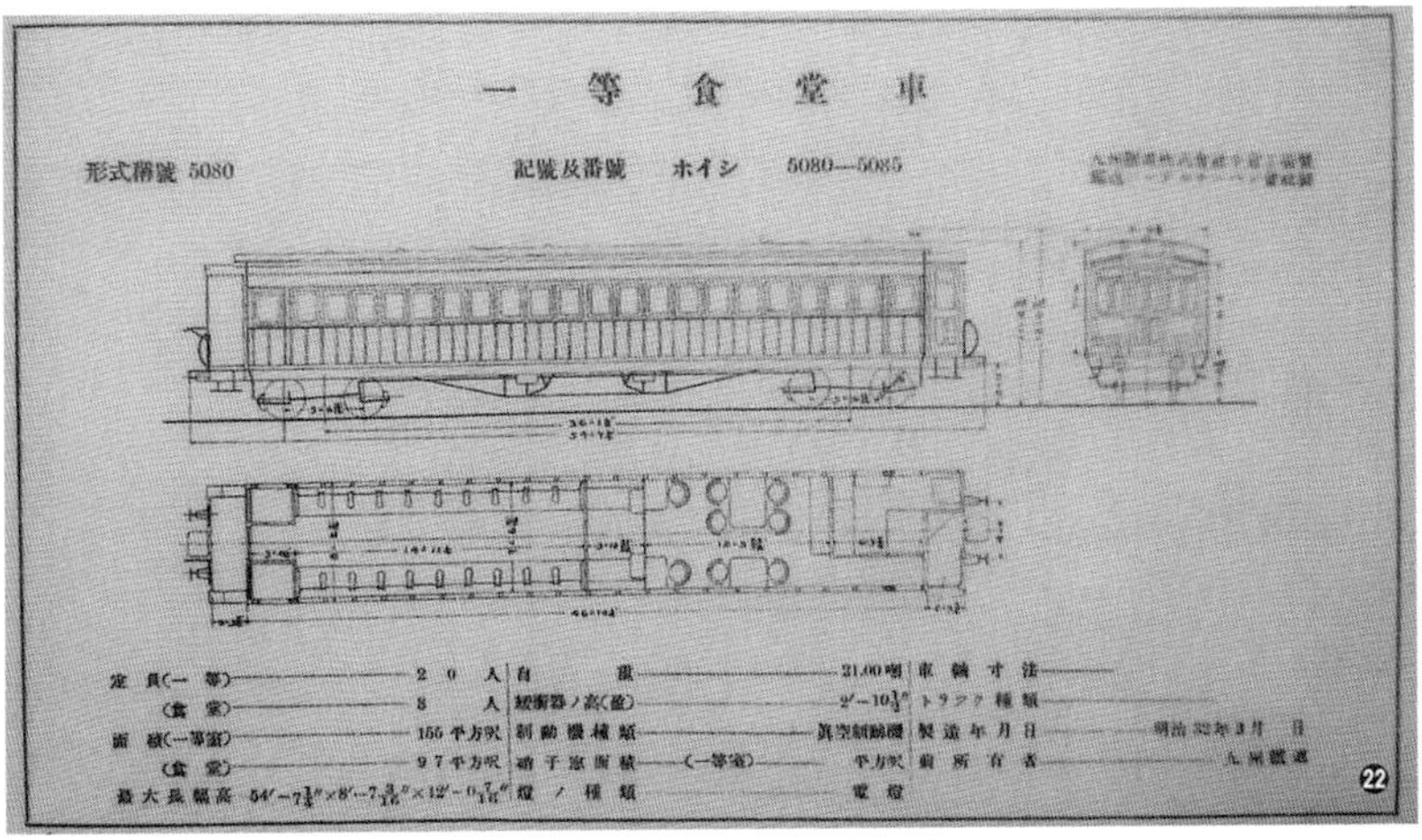

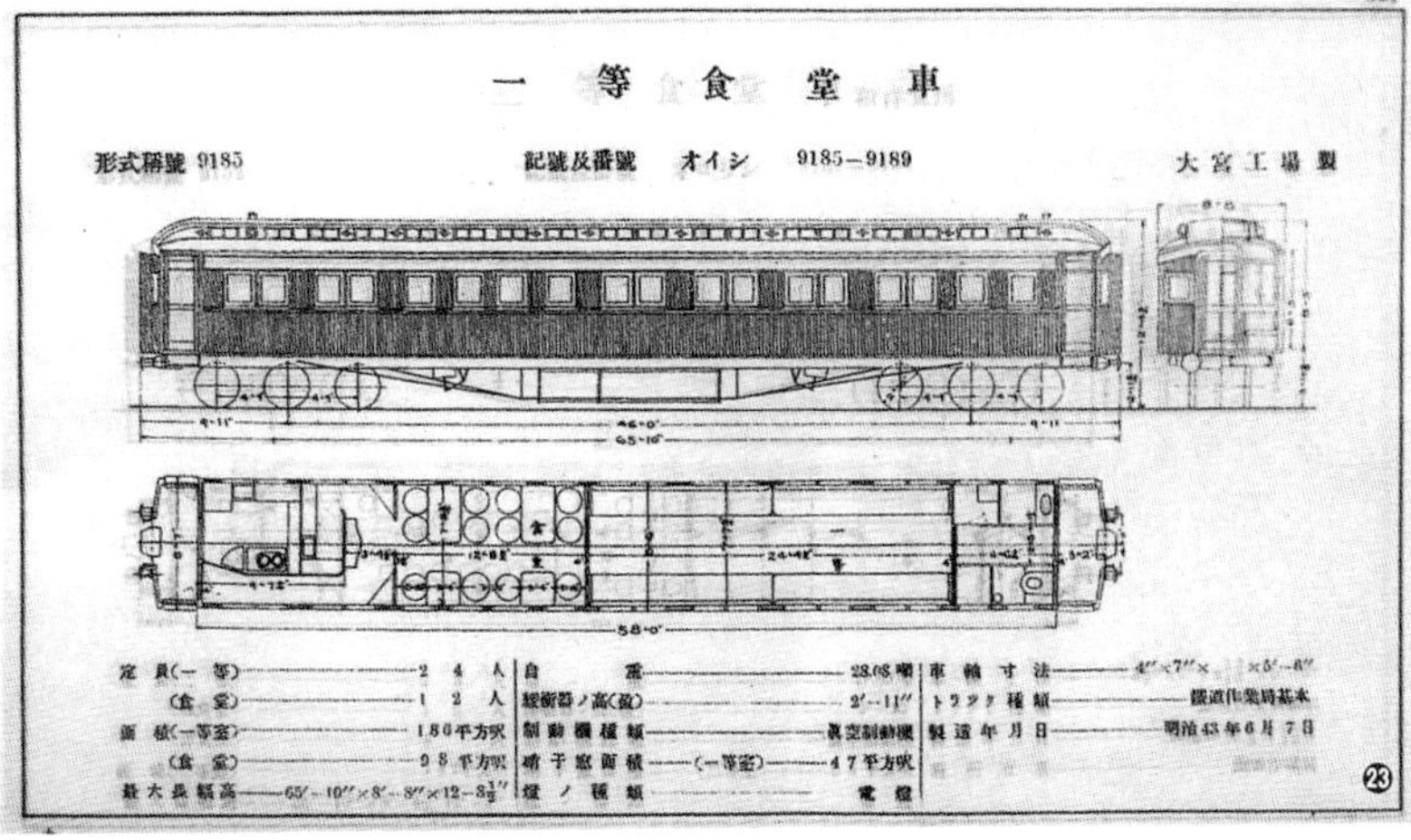

和食堂車なら、おにぎりや漬物など載せ込み、温かい味噌汁や煮物、お茶とともに供したと思われる。あくまで推測に過ぎないが、駅弁だったら座席で食べるのが普通だ。時刻表に「食」、「寝」と掲載している以上、温かい食事を車内で食べられたのは間違いなさそう。

寝台車（一等）は明治四十三年、門司—鹿児島と門司—長崎間用に食堂との合造車オイネシ９０９５型が六両製造された。「九州の鉄道百年記念誌・鉄輪の轟き」には門司二二時発、鹿児島一一時一五分着の寝台を組み込んだ列車がある。この時刻表の下り始発六時三九分の２２７列車がそれだ。上り２２８列車とともに、夜行は一等寝台と食堂が連結されていたらしい。

国鉄熊本鉄道管理局が昭和六十二

年にまとめた記念誌「線路は続くよどこまでも」にも、明治四十二年一月一日に門司－人吉間に食堂車（ホイシまたはオイシか）、四十三年十二月一日に門司－鹿児島間に一等寝台車登場とある。これに当てられたのが新製オイネシ9095型ではなかろうか。列島を貫く幹線とはいえ、肥薩線に一等が走っていた時代など驚きだ。この時刻表そのものが肥薩線初登場の寝台車を掲載した貴重な産業遺産といえる。

人吉―博多間の当時の三等運賃は一円七九銭。一等は多分三倍、一等寝台料金は三円で、この区間を寝台で旅行すれば片道八円以上かかる。四十三年の東京正米市場の政府買入価格は玄米六〇キロ五円三一銭だから、一俵半程度に相当するわけだ。寝台はおろか一等車を利用するのは高級官僚や軍人、一部の資産家ら特権階級に限られていたのもうなずける。庶民がおいそれと手を出せる価格ではなかった。

肥薩線から貨物列車が姿を消して久しいが、この時刻表には上り下り四本ずつ赤字で記されているのも興味深い。旅客列車は発時刻しかないのに、通過する貨物列車の場合は駅到着と発車時刻を併記する親切さ。停車時間は一五分から三〇分程度とってある。それに対し19、48列車など人吉始発や止めでない混合列車も貨車入れ替えや荷物の積み降ろしで一〇分ぐらいは停車したはずだが、発時刻しか書かれてないのは不思議でもある。

特筆すべきは九時三〇分発の上り38列車。人吉仕立て、鳥栖、中原、長崎間各駅行きという珍しいルートだ。反対に長崎から人吉へ来る列車ダイヤは設定されてない。当時の長崎本線は佐賀、肥前山口から現在の佐世保線で早岐に行き、大村、諫早、さらに喜々津から大草経由（現在の旧線）であった。いったい、どれくらいの時間を要したことだろう。

一世紀年前、こんな定期列車で運ばれていた貨物は何か、長崎の海産物を積んだ貨車など鳥栖で門司からの列車に連結し直して人吉にやってきたのだろうか。そんな推測も楽しい。＊客車の竣工図掲載は九州鉄道記念館の協力を得た。

（中村弘之）

第２章

肥薩線を《訪ねる》

1

八代駅《やつしろえき》

熊本県八代市萩原町
明治四十四年（一九一〇）

❶

〈見どころ〉明治二十一年九州鉄道会社設立後の八年を経て、明治二十九年十一月二十一日に八代駅は開業した。初代の八代駅は現在地ではなく、八代ハーモニーホールの北西に隣接する出町公園の一角にあった。明治四十年代のプラットホームの写真❸（小沢満氏提供）には、明治四十二年と染め抜かれた日本セメント社旗と馬車に積まれたセメント樽が写っている。

明治四十一年六月一日、八代−人吉間の運輸営業を開始。この日から現在地が八代駅となる❶*。仮設の駅舎で営業が開始され、三年後の明治四十四年に竣工している。

現在の八代駅は外観は新建材で覆われているが、基本的には建設当時の構造を維持している。1番ホーム（肥薩おれんじ鉄道と共有）及び2、3番ホームがある。ホーム上屋の支柱と跨線橋の梁など一〇〇箇所以上に九鉄時

❸

❷

代の三〇キロの古レールが使用されている。一九〇七〜二〇年代の製造年、八幡製鐵やドイツのTHYSSEN（ティッセン）❺*やTENNESSEE（テネシー）のマークを確認することができる。昭和二十四年に1番ホーム、2番ホーム間に高さ八メートル、長さ二七メートルの跨線テルファー（懸垂横断装置）が設置されたが、現在は支柱のみが残っている❹*。1番ホームに下浦石を用いた石造の危険品庫がある。建設年は明治四十一年。軒先部分はサイマレクタと呼ばれる古代ギリシャ・ローマ時代の装飾を用いた格調高い仕上げになっている❻*❼*。1番ホームに肥薩線起点の三角柱がある❷*。

〈来歴メモ〉明治二十九年十一月二十一日の八代駅開業の様子を八代駅史には次のように記してある。「松橋－八代間運輸営業を開始する。当日午前一〇時八代駅構内において盛大なる開業式を挙行せられる。あたかも旧暦十月十八日にて、九州三大祭典の一なる妙見神社の祭典なりしため、豪雨にもかかわらず参観群集し、その雑踏名状すべからず」

明治三十五年の国土地理院復刻地図によると、熊本方面から八代駅に入る路線は現在と大きく異なっている。

4

6

7

5

山岳線開通に伴い、スイッチバックしないでそのまま人吉方面に運行できるように現在のような膨らんだ路線となった。

初代八代駅は球磨川荷扱所となり、貨物専用駅となる。球磨川駅土地区画整理事業（平成十六年竣工）により現在の土地利用となる。この地が初代の八代駅という記憶を残すために出町公園内にその歴史を記した碑と昭和十七～四十八年まで鹿児島本線および肥薩線を走ったC57169号の動輪が設置してある。

八代駅は第二次世界大戦中に三回ほど空襲を受け構内機関庫に被害を受けている。熊本機関区八代支区は昭和二十一年に八代駅裏手の構内に設立。それまでの人力の転車台は電動になり給水塔や炭台、二車線の機関庫、事務所等があった。

昭和二年に八代以南の海岸線が全通し鹿児島本線となり、列車本数が増えていった。昭和三十三年に待望の特急「はやぶさ」が運転開始。続いて準急「くまがわ」「えびの」「かいもん」も運転開始した。幹線とはいえ単線のため急行列車、特に機関車の運用が繁雑になった。八代支区は熊本、鹿児島、出水、人吉の各機関区の機関車の出入り、駐泊が激増、一日に延べ五〇輌以上で手狭であった。昭和四十年前後には定期列車に回送機関車を三台もつけた姿も見受けられた。

肥薩線に初めてDC（ディーゼルカー）が出現したのは昭和二十六年である。歯車式変速のため一輌ごとに運転士が乗り、二輌連結の時はSLのようにタイフォンで合図しながら運転した。後日談だが、妙見神社の祭礼の時は、八代駅から人吉方面へ帰る客で超満員となり、DCは力不足で発車できず駅員と客が力を合わせて押したそうである。

昭和五十年代に八代機関支区、客貨車区、信号通信区、建築区など廃止されている。平成十六年に鹿児島中央－新八代間に九州新幹線が開業すると、新幹線つばめから鹿児島本線の「リレーつばめ」に同一プラットホームで乗り替えるため、現八代駅では特急「つばめ」が利用できなくなった。現八代駅に停車する特急は「くまがわ」と「九州横断特急」のみである。現八代駅から鹿児島本線を南下するには、第三セクターの肥薩おれんじ鉄道のDCを利用しなければならない。（小澤年満、磯田節子）

日本《にっぽん》製紙《せいし》㈱八代《やつしろ》工場《こうじょう》クラブ

熊本県八代市十条町一－一
大正十四年（一九二五）

〈見どころ〉日本製紙八代工場は大正十三年に九州製紙八代工場として操業を開始し、翌年に工場クラブ❶*が竣工している。工場クラブは賓客の接待や社員の教育・宿泊用として建築され、現在も利用されている。

　正面中央の切妻屋根の玄関部分が特徴的で、車寄せの屋根を支える持ち送りや柱頭部分の幾何学模様のデザインが美しい❸*。竣工時の写真❷（日本製紙株式会社八代工場工場案内より）をみると車寄せの屋根部分には四隅に擬《ぎ》宝珠《ぼし》高欄《こうらん》風の手摺があり、屋根にはドーマ窓も見えるがいずれも現在はない。屋根は銅板かスレート葺きに見える。一見この建物はすべて洋館に見えるが、実は背後に庭園を囲むように立派な和館が連なっている。洋館には会議室、応接室などの接客や仕事のための部屋がある。一方、和館は宿泊用として利用されている。一つの建築

6

4

7

5

の中で、接客と生活を洋館と和館で使い分けた明治の大邸宅のスタイルを引用している。

洋館の会議室❹*や玄関・廊下部分❻*、和館の和室❺*と廊下❼*は創建当時の状態で良く残されている。

〈来歴メモ〉日本製紙八代工場は、明治二十八年に藤村紫郎等が坂本村に創設した東肥製紙株式会社坂本工場がそのルーツである。明治三十一年に操業を開始したが、明治三十二年の火災で全焼し破産。製紙王大川平三郎に引き取られ、九州製紙株式会社坂本工場として復興。製紙業界の好況により九州製紙は事業の拡張をはかったが、坂本工場は敷地拡大の余地がなく、大正十三年九州製紙の分工場として八代工場の設置となった。昭和四十三年に九州の三工場（小倉・坂本・八代）を八代工場に統合し、坂本工場は閉鎖、西日本製紙㈱に譲渡される。西日本製紙坂本工場（別項参照）は昭和六十三年に解散し、熊本県の製紙工場発祥の地である坂本村（現八代市坂本）から製紙工場が姿を消した。

八代市は近世以来の紙すきの里である。現在は八代市宮地の宮田氏唯一人が昔ながらの製法で手漉きの紙の製造を続けられている。

（磯田節子）

3

日《ひ》奈《な》久《ぐ》温《おん》泉《せん》街《がい》

熊本地震被災のため、日奈久の赤煉瓦倉庫二〇一七年解体

熊本県八代市日奈久

〈見どころ〉日奈久温泉は熊本県下で最も歴史ある温泉の一つである。応永十六年（一四〇九）に温泉が発見されたとされ、平成二十一年（二〇〇九）に開湯六〇〇年を迎える。温泉発祥の地が温泉センター・本湯《ほんゆ》であり、藩政時代には藩営温泉として藩侯のための御前湯《ごぜんゆ》、士分のための御次湯《ごぜゆ》、一般民衆のための平湯《ひらゆ》があり栄えたという。現在は市営の本湯・西湯・東湯、民間の松の湯の四つの共同温泉と二〇軒の温泉旅館がある。鏡屋（明治二十年）、新湯（大正十四年）、松の湯（昭和六年）は現在

では希少の昔ながらの脱衣・浴場一体型である❷。地面より低い位置にある浴場は温泉本来の姿である湯壷だけの素朴な温泉である。

温泉以外の見どころはコンパクトな温泉街に建ち並ぶ木造三階建てをはじめとする近代和風の温泉旅館群である❶。これらは明治から大正時代にかけてのわが国の木造技術が頂点の時代の建築で、各旅館の主人がこだわった〝粋な座敷飾り〟を堪能することができる❽。

温泉街中央を旧薩摩街道が緩やかなカーブをえがいて通っており、沿道には嘉永時代の町屋❹や三斎公の八代入城以来の細川家御用焼である高田焼上野窯など歴史・文化のある景観を楽しむことができる❺。旧薩摩街道から一歩中にはいると迷路のような路地裏がひろがり、これも日奈久温泉街の魅力の一つになっている。

〈来歴メモ〉日奈久温泉は浜田六郎佐衛門が父の刀傷を癒そうと神に祈り、夢のお告げにより発見された温泉とされる。その奇石「お告げの石」が温泉神社に祭られている。堂山にある温泉神社からの天草を望む不知火海や干拓地の眺めが素晴らしい❸。また、温泉神社への階段沿いにある相撲桟敷は江戸時代末に築造されたもので、春

5

4

7

6

には桟敷を取り巻く桜が満開となる。

　不知火海沿岸は歴史、規模ともに日本有数の干拓の地であり、日奈久地区も干拓の町である。天保の日奈久新地、温泉街中心部の弘化・嘉永の干拓、明治元年の町裏新地、三十年の温泉改良新地、三十二年の明治新田と海に向かって陸地を広げていった。

　日奈久温泉は海上交通が主流の時代に港がある温泉地として栄えた。日奈久港にある石積の防波堤は明治二十八年の築造である。日奈久港周辺には土蔵の米券《べいけん》倉庫（大正二年）やかつて塩乾物等を保存したという赤煉瓦の倉庫が残る❻。赤煉瓦倉庫に隣接して種田山頭火が昭和五年九月十日から三泊した木賃宿織屋がある❼。山頭火が宿泊した旅館としては全国で唯一現存する旅館である。

　古老によると温泉だけに頼るのではなく産業として竹輪や竹細工の産業を興したという。往時は一〇〇人の竹細工職人が住んだという。現在は、工房がある細工店は桑原竹細工店一軒であるが、工房でご主人や息子さんが竹かごを造られる風景を垣間見ることができる。

（磯田節子）

8

❶

4

郡《ぐん》築《ちく》新《しん》地《ち》の樋《ひ》門《もん》群《ぐん》

郡築新地甲号樋門（郡築三番町樋門）　熊本県八代市郡築三番町字参番割一六九－一地先、同一七一－一地先　明治三十四年（一九〇一）頃
郡築新地新設第一号樋門（郡築二番町樋門）　熊本県八代市郡築二番町字貳番割一九四－一地先　昭和十三年（一九三八）

〈見どころ〉郡築新地甲号樋門《ぐんちくしんちこうごうひもん》は、明治三十年代に行われた七七五㌶もの土地を干拓した「空前の大事業」（九州日日新聞）によってできた、全長三一・八㍍に及ぶ大規模な樋門施設である❶*❷*❸。

砂岩および石灰石を使用した十連の樋門は、その歴史的経緯もさることながら、造形的美しさを帯びている。水路上部に設けられた煉瓦アーチ部分は、単色な構成の石材にほどよいアクセントを与えているが、これは煉瓦の方が細かな加工が容易であることで採用された、技術的なものである。

近隣にある新設第一号樋門は同じ石材であるが、印象は大きく異なる。甲号樋門に比べ小振りではあるが、放物線状に加工された水切や壁石に設けられたフランス積み風デザインが近代の息吹を漂わせる❹*❺。

❷

❹

❸

❺

〈来歴メモ〉八代海沿岸では近代以前より肥沃な土地を得るため多くの干拓事業が行われてきた。

　現在はともに補助水門として使用され続けている樋門群だが、完成に至るまでには様々な紆余曲折があった。郡築新地の干拓事業は明治三十年（一八九七）に八代郡会満場一致で調査を開始、明治三十二年より郡の事業として起工するが、資金融資元である九州商業銀行の休業、また郡長・工事技師への不信任案の提示が行われるなど、多くの困難が立ちはだかり、明治三十四年には賃金に不満を持った工夫たちによるストライキまで行われた。また完成後は、大正末から昭和初期にかけて「郡築争議」と呼ばれる小作争議が起きた。

　郡築新地干拓に関連した遺産としては、水門間には建造当初の堤防石垣が遺るほか、八代駅の近くには郡築への灌漑用水を引くために作られた楠堰《くすのきぜき》が現存する。

　新しい堤防の完成により、昭和四十二年（一九六七）にいったんその使命を終えたが現在は補助水門として使用されている❷＊。

（市原猛志）

❶

❷

大《おお》築《つく》島《しま》（旧《きゅう》日《に》本《ほん》セメント八代《やつしろ》工場《こうじょう》の原《げん》石《せき》山《やま》）

熊本県八代市植柳下町大築島

〈見どころ〉大築島❶は八代海に浮かぶ小島であり八代と天草のほぼ中間に位置する。島全体が石灰岩であり、旧日本セメント社はこの八代海の豊富な石灰岩に着目して明治二十二年（一八八九）八代市建馬にセメント工場を建設し、同時に大築島での採掘を始めた。最盛期の昭和三十年頃は大築島には従業員の家族約五〇世帯二五〇人が暮らした。昭和二十八年頃の地図を見ると大築島の東側は採掘場、西側は社宅等がある生活の場となっている。昭和五十五年日本セメント八代工場閉鎖、採掘は地元企業の飯田工業所へ引き継がれた。平成八（一九九六）年採掘を終了し、大築島における約一〇〇年間の採掘の歴史が終わる。

一〇〇年間の採掘により、かつてライオン島と呼ばれた島の形は大きく変わり標高一一〇㍍の山は平坦となっ

た。当時の遺構は数カ所が確認できる。石灰岩を積み出した一号❸、二号桟橋❻*、運搬用トロッコ列車のレール❹、火薬庫❼*、暮らしの痕跡としては共同浴場用に雨水を貯めた水槽❺が唯一確認できる。

〈来歴メモ〉「工場開設ト共ニ採掘ニ着手」と「浅野セメント沿革史」にある。元従業員の鬼塚博氏によると、採掘をしたのは天草から移り住んだ親方と呼ばれる人々である。各親方がそれぞれの丁場と桟橋を持ち間歩師《まぶ》と呼ばれる手掘師や人夫を雇って採掘し、工場に搬入した。親方衆は昭和十七年に工場の直轄となるが、昭和二十二年の地図には九箇所の桟橋と各桟橋から扇状に広がる複数の車道が確認できる。採掘方法は昭和二十六年頃まで手掘り、その後機械化され昭和三十三年までグローリーホール法（下向階段掘）、以降ショベル法、ベンチカット採掘法（上向階段掘）と変遷する。

昭和三十年頃には親方住宅の他に社宅や独身寮、小・中学校の分校もあり、海に囲まれた自然豊かな暮らしが営まれた❷（鬼塚博氏提供）。

（磯田節子）

❶

❷

3

6

第《だい》一《いち》映《えい》画《が》有《ゆう》限《げん》会《がい》社《しゃ》

熊本県八代市萩原町二－八－一〇
昭和二十七年（一九五二）

〈見どころ〉第一映画有限会社は昭和二十七年（一九五二）に森口敏光氏、力雄氏により開業❶（「森口力雄、十万人の指定席」より）。

劇場の建築は木造三階建てで開業当時の姿をとどめている❹。映写関連機器の変遷は昭和三十六年（一九六一）七〇ミリ作品の「ベン・ハー」上映の際にスクリーン、音響設備が一新。映写機も開館から使用していたローラー社からフジセントラル社に更新。開業四〇周年の平成四年（一九九二）「七人の侍」上映の際にスクリーン、音響設備が一新された。さらに平成十四年（二〇〇二）に館内を改装し、座席数を減らして座席もデラックスなものになる。二階にはくつろいで映画を楽しめるように、たたみ敷きの席が設置された❷。

現在の映写機は昭和三十六年以来のフジセントラル社のもの❸。光源はUSIO電気のアークランプ。フィルム巻き取り機も同社のもので、昭和五十五年（一九八〇）から使用されている。フィルム巻き取り機により、従来の四人体制から一人でも可能となった。「この巻き取り機がなかったら、ここまで営業が続けられなかった」と力雄氏。開業当時のフィルムはセルロイド製で火災の危険性が高く三階の映写室は耐火構造となっていた。

〈来歴メモ〉第一映画は、八代市では喜楽館、代陽館、代陽劇場、中央館に次ぐ五番目に開業。昭和三十六年ごろの全盛期には八代市内に九つの映画館が立地したという。全国では映画館の数は三十五年に七四五七館と最高を記録している。しかし、三十九年東京オリンピックを契機にテレビが急速に普及し、次第に映画館入場者数が減少していく。八代市では昭和五十年（一九七五）には第一、第二喜楽館、第一映画の三館となり、平成二年に喜楽館が閉鎖し第一映画のみとなる。第一映画も平成十六年（二〇〇四）から八代ATGによる毎月第四水曜日のみの上映となった。支配人の力雄氏は妻の峯子さんと映画館営業の他に昭和三十五年から現在に至るまで八代市郡の公民館や小・中学校、企業への出前映画上映活動を続けている。

（小澤年満、磯田節子）

❹

❶

❸

❷

7

坂本駅《さかもとえき》

熊本県八代市坂本町
明治四十一年（一九〇八）

〈見どころ〉坂本駅は、肥薩線の駅舎には珍しく出入口に切妻のポーチがある❶*。古い写真ではポーチはなく、他の駅と同様な形をして、駅舎が現在の姿よりもっと短かったことがわかる。ポーチの上の外壁に見える柱の位置が本来の西南隅と思われ、南側に二間増築されているようである。そうすると待合室の換気口の位置が中心からずれていることも理解できる❷*。戦後、駅の東側約一・五キロにあった製紙工場（西日本製紙・別項参照）が盛んな頃、駅が手狭になり増築されたのかもしれない。それでもなお、待合室の天井にある換気口にレールの形をしたくり抜きがあるのをはじめ❸*、ホーム上家では屋根を支える小屋組の上部にある転び留めが、他の駅にはない曲線を用いた形になっており、明治を感じさせる部分は多く残されている。

また駅舎の山側に目を向けると、貨物線の跡と長いホームを見ることができる。これは製紙工場の貨物線跡で、昭和五十九年（一九八四）まで坂本駅と工場間は専用線で結ばれていた。既にレールは無いが、軌道敷は現在もそのままに残る❹*。

〈来歴メモ〉肥薩線の工事は、熊本県内では明治三十四年（一九〇一）から始まった。工事は八代－坂本間を江守（江森）工業事務所（江守組）が請け負い、肥薩線の中で熊本県側では八代－坂本間が最も早く完成した。坂本駅開業年の二年前にあたる明治三十九年には、八代以北を経営していた九州鉄道（株）が線路を国より借り受け、九州製紙（株）の原料と製品を輸送するため貨物列車を走らせている。明治四十年六月十二日には帝国鉄道庁鹿児島出張所から停車場本屋等の工事が発注されている。

肥薩線の駅舎では梁間方向（奥行き）が三間のものと四間のものがある。坂本駅は梁間方向（奥行き）三間の駅舎である。偶然かも知れないが、主要駅である八代と人吉の両駅の隣の駅（坂本、渡、大畑）は三間、その隣の駅（白石、一勝地、矢岳）は四間となっているのが面白い。

（磯田桂史、中田浩毅）

八代駅
坂本駅
葉木駅
鎌瀬駅
瀬戸石駅
白石駅
球泉洞駅
一勝地駅
渡駅
人吉駅

西《にし》日《に》本《ほん》製《せい》紙《し》工《こう》場《じょう》跡《あと》・坂《さか》本《もと》隧《ずい》道《どう》

熊本県八代市坂本町
明治三十一年（一八九八）

❶

〈見どころ〉球磨川支流の油谷川に沿って三〇〇㍍ほど山間に入ると、川の両岸に四・六㌶の敷地を持つ公園「くま川ワイワイパーク」が広がる❷*。ここは昭和六十三年（一九八八）に解散した西日本製紙の工場跡地で、八代市が平成二十年に公園として整備したものだ。

一見工場跡地には見えないが、意識して周りを見渡すと、いまだ多くの遺構が残されているのに気付く。一番に目を引くのが、公園の南西側に位置する工場専用引込線の坂本隧道（トンネル）だ❸*。材料や製品の輸送に使われていた引込線は全長一四四一㍍。肥薩線の坂本駅から分岐し集落裏手の山際を通り、長さ一〇〇㍍ほどの坂本隧道を抜けて工場へと繋がっていた❼*。現在でも「坂本隧道」の扁額と十條製紙（前社名）の社章を坑門に見ることができる❶*❹*。坂本駅側の坑門は単線の形状❶*、工

❷

❸

❹

❺

❻

場側は内部にポイントがあるため、複線の幅広の形状❸*をしているのが特徴だ。この他、工場にあった十條製紙一〇〇周年と西日本製紙二代目社長の書の石碑が、この地が製紙工場であったことを伝える石碑と共に残されている❻*。

また、近くの国道二一九号沿いにある「道の駅・坂本」には西日本製紙ゆかりの品々や、工場の歴史や当時の写真などのパネルも展示されている❺*。

〈来歴メモ〉急峻な山々に囲まれた坂本に、製紙工場が計画されたのは明治二十八年（一八九五）。この地の豊かな水資源が、発電や工業用水、また落差による動力源に利用できるとして、明治二十九年、「東肥製紙株式会社」の工場建設が始まる。明治三十一年、工場は操業を開始するが❽（日本製紙株式会社提供）、翌年大火災に見舞われ全焼。営業不振だったこともあり東肥製紙は明治三十六年に解散、工場は同年に設立された「九州製紙株式会社」に引き継がれた。

九州製紙は第一次世界大戦の特需など

により業績を伸ばす。球磨川に頼っていた物流も、明治三十九年に肥薩線の八代－坂本間が開通し貨物輸送が許可（坂本駅開設は明治四十一年）されたことにより強化。更に工場設備の増強・増設も行われ、今も残る鮎帰発電所（明治四十二年）や深水発電所（大正十年）、八代の分工場（大正十三年）は九州製紙時代につくられたものだ。

そして大正十五年（一九二六）、九州製紙は樺太工業・中央製紙・中之島製紙と合併し「樺太工業株式会社」となる⑩（日本製紙株式会社提供）。さらに昭和八年には業界トップ2の王子製紙・富士製紙と三社合併し、「王子製紙株式会社」という巨大製紙会社になった。

戦後はGHQの集中排除政策により解体。昭和二十四年に坂本と八代の工場は、小倉・都島・伏木・十條・釧路の工場と一緒に「十條製紙株式会社」となる。十條製紙時代の昭和二十七年には、それまで工場周辺に張り巡らされていたエンドレスと呼ばれるトロッコに替わり、肥薩線坂本駅と工場間に引込線が完成。物流の効率が大幅に上げられたが、それも昭和五十九年にはトラック輸送へと切り替えられた。

昭和四十一年、十條製紙は小倉、八代、坂本の九州三

工場を八代に統合。坂本工場は、十條製紙の子会社として同年に設立された「西日本製紙株式会社」となる。西日本製紙時代では設備の改修・増設が行われ、生産効率が上がった工場は活況を呈していた。しかし昭和六十二年、十條製紙が八代工場への大規模な設備投資を行うとともに西日本製紙を廃止する方針を発表する。もちろん坂本村（現八代市）でも村をあげて存続運動に取り組むが、昭和六十三年（一九八八）九月に西日本製紙株式会社は解散❾（日本製紙株式会社提供）。この地でおよそ一世紀続いた紙漉きの歴史に幕が引かれた。

親会社の十條製紙は、平成五年（一九九三）に山陽国策パルプ株式会社と合併し「日本製紙株式会社」となって現在に至る。九州製紙時代の深水発電所や鮎帰発電所、十條製紙時代の坂本隧道は現在も日本製紙の所有となって残されており、この地に製紙工場が栄えたことを今に伝えている。

（中田浩毅）

9

西《にし》日《に》本《ほん》製《せい》紙《し》鮎《あゆ》帰《がえり》発《はつ》電《でん》所《しょ》

熊本県八代市坂本町鮎帰
明治四十二年（一九〇九）

〈見どころ〉球磨川の支流油谷川を約四キロ遡った、山間の集落の中にひっそりと佇む鮎帰発電所❷*。建屋は明治四十二年（一九〇九）の竣工当時からのもので、発電所としては珍しい木造建築だ。下見板張の外壁に切妻屋根のシンプルな外観だが、細部に目を向けると明治期の雰囲気を持つ多くの見所がある❾*。まず目を引くのは、屋根の両端にある木製の大きな飾りだ❽*。また、建物北側にある送電口の庇の持ち送りや、窓枠などにも装飾を見ることができる。

腰板と漆喰で仕上げられた室内には、昭和四年製ペルトン水車と建設当時からのものと思われる発電機一式などが廃止時のままに残されている❶*❸*❹*❺*❻*。同様に、建屋背後の斜面にある鉄製の導水管やそれに繋がる導水路、約四キロ上流の取水設備なども残っており、明治期の

❻

❹

❼

❺

水力発電技術や土木技術を今に伝える貴重な産業遺産だといえよう❼*。

〈来歴メモ〉鮎帰発電所は、八代市坂本町（旧坂本村）にあった九州製紙株式会社の付属発電所として明治四十二年に竣工。最大認可出力四〇八キロワット、年間平均出力二七〇キロワットの電力を同製紙工場へ供給した。九州製紙は幾度も合併を繰り返し、同製紙工場は「西日本製紙株式会社」となるが、昭和六十三年に会社は解散し鮎帰発電所も廃止される。現在は日本製紙株式会社の所有・管理下に置かれている。九州製紙（西日本製紙）についての来歴は、別項「西日本製紙工場跡・坂本隧道」を参照。＊内部の撮影は関係者同伴で行ったもので、一般には公開されていない。

（中田浩毅）

❽

❾

❶

10

西《にし》日《に》本《ほん》製《せい》紙《し》深《ふか》水《み》発《はつ》電《でん》所《しょ》

二〇二〇年七月豪雨で流失

熊本県八代市坂本町中谷
大正十年（一九二一）

〈見どころ〉球磨川の川面に映る姿が美しい赤煉瓦の深水発電所❷*❸*❹*⓮*。対岸から見る建屋には浅いアーチの窓が七つ並んでおり、中央の窓上には十條製紙の社章が残る。真新しい寄棟屋根は平成二十年（二〇〇八）八月に修復されたばかりのもの。小屋組から全て新たに作られているが、二つのドーマーと屋根飾りなどはオリジナルの意匠に沿ったものになっている❶*。

建屋内部は漆喰で仕上げられており、その中央には竣工時から使われているペルトン水車と発電機一式が残されている❼*❽*❾*❿*⓫*⓬*⓭*。発電用の取水は約五㌔東にある同水系の走水川から行われ、山肌に沿った導水経路には、全長四〇～五〇㍍の水管橋（鉄筋コンクリートラーメン構造）が二基、調整池や高さ二〇㍍のサージタンクなど、竣工当時からの土木構造物がそのままに残る❺*❻*。

❹

❷

❸

❻

❺

7

9

8

11

10

14

12

13

鮎帰発電所（別項参照）同様、水力発電を形成するシステム全体がありのままの状態で残されており、当時の技術を伝える極めて貴重な産業遺産といえる。

歴史的な価値が認められながらも、経済的な理由などで解体される建物が多い昨今、深水発電所のように廃止から二〇年を経て大規模な修復が施される例も珍しい。今後の活用法は未定とのことだが、企業として直接的な利益を生まない施設に予算を割き、〝保存する〟という英断を下した日本製紙株式会社には大きな称賛を送りたい。鮎帰、深水の両発電所は産業の遺産としてだけでなく、地域の歴史と人々の営みを後世に語り伝える貴重な財産となるだろう。

〈来歴メモ〉深水発電所は、九州製紙株式会社の付属発電所として大正十年に竣工。最大出力八八〇キロワット、年間平均出力は五六〇キロワットと鮎帰発電所の約二倍の出力を持つ。昭和六十三年、会社の解散に伴い廃止され、現在は日本製紙株式会社の所有・管理下に置かれている。九州製紙（西日本製紙）については、別項「西日本製紙工場跡・坂本隧道」を参照。＊内部の撮影は関係者同伴で行った。一般公開されていないので、見学は対岸から行いたい。（中田浩毅）

鶴《つる》之《の》湯《ゆ》旅《りょ》館《かん》

二〇二〇年七月豪雨で被災後改修を行い
二〇二五年営業再開予定

熊本県八代市坂本町葉木一〇〇七－二
昭和三十年（一九五五）

❶

〈見どころ〉葉木駅と鎌瀬駅との中間地点にある鶴之湯旅館。木造三階のレトロな建物で、対岸の国道二一九号を車で走っていても目を引く存在だ❹*。建物裏手には葉木トンネルがあり、旅館は肥薩線と球磨川に挟まれるように建つ❷*。球磨川に面した部分は一階から三階まで一面窓で、外観上の大きな特徴となっている❶*。客室からは廊下越しに川面を眺めることができ、窓の外側には洋風の意匠が施された木製の柵が造られている❸*。柵は、廊下に腰掛けた際に肘を掛けるちょうど良い高さに造られており、湯上がりの夕涼みに川面を眺めながら寛ぐ人の姿を想像させる。外観と同じく建物内部も竣工当時からあまり手を加えられておらず、部屋番号を示す札や照明のスイッチなど、細部にわたり当時の状態のままである❺*❻*。

4

2

6

5

3

〈来歴メモ〉昭和三十年（一九五五）、肥薩線と並走する球磨川に荒瀬ダムが完成する。熊本県初の大規模なダムということで当時は多くの観光客が訪れ、鶴之湯旅館はその観光客などをターゲットに同年に営業を開始した。大小九つの部屋で最大宿泊者数は五〇人程の温泉旅館だが、面白いのは約一キロ離れた葉木駅からの客の送迎方法だ。駅も旅館も荒瀬ダムによるダム湖に面しているため、定員二〇名ほどの遊覧船で送迎を行ったという。同時にダム湖の観光遊覧も家族連れに人気だったといい、昭和三十六年頃まで行われていた。

敷地内にある源泉は二七、八度。温泉は旅館建築以前から自噴しており、ダム湖ができる前は付近にあった別荘などで利用されていた。

旅館の主人が幼少の頃、お年寄りから面白い話を聞いている。肥薩線の葉木トンネル工事の際に熱い温泉と冷たい地下水が湧き出したが、一緒に混ぜて強引に塞いだという。トンネル工事の際、湧水を分けておけば源泉は熱かったのでは、という話だ。現在する数少ない木造三階建ての温泉旅館として、開業時からの風情をそのままに残す鶴之湯旅館は貴重な存在である。

（中田浩毅）

12

球《く》磨《ま》川《がわ》第《だい》一《いち》橋《きょう》梁《りょう》

二〇二〇年七月豪雨で流失

明治四十一年（一九〇八）

〈見どころ〉肥薩線は鎌瀬駅を出ると間もなく球磨川を斜めに横断する。球磨川第一橋梁である❶*❹*。

橋台・橋脚は川と平行で、橋端が斜めなのでトラスの端柱を一方は垂直に、片方を斜めにしたトランケーテッドトラスと呼ばれる形式である❷*。橋長六二・七メートルの単線下路曲弦プラットトラス二連と、二五・四メートルの単線上路プレートガーダー三連である❸*。このトラスは部材連結をピン構造としたこと、引張りを受ける部材（斜材）に両端に目玉をあけた帯鋼（アイバー）を使い、細く、圧縮を受ける部材とまったく違う断面という特徴を持つ。アメリカンブリッジ会社エッジムーア工場製である。八代側のガーダー橋三連は日本人の杉文三が設計した橋梁である。橋台・橋脚は直接基礎、煉瓦、切石積である。下流の荒瀬ダム設置時に洪水対策として扛上《こうじょう》し、橋脚・橋台の頂部をコンクリートで継ぎ足した❸*。

〈来歴メモ〉日本の鉄道建設は英国人の技術者の指導監督で進められてきたが、機関車重量の増大とともに米国の新しい考えが設計に取り入れられた。明治三十一年米国人のクーパー、シュナイダーの二人に設計を依頼し、クーパー型トラスと呼ばれる標準タイプを制定した。この中の斜角六〇度、橋長六二・七㍍のトランケーテッドトラスが、中央線岡谷・川岸間の第一天竜川橋梁に第一号として架けられ、二号、三号として球磨川第一橋梁、第二橋梁に用いられた。全国で五橋七連が架設されたが、現存するのはこの二橋四連のみである。

球磨川第三橋梁にはクーパー型六二・七㍍下路曲弦プラットトラス二連が架かっていたが、トラス橋のピンの部分にガタが来たため、昭和五十二年、リベット結合の橋梁に架け替えられた。

ガーダー橋の設計は、英国人技師ポーナルや米国人技師クーパー等の下で日本人技術者が育ち、明治三十五年に米国ペンコイド社の基準によって杉文三が、径間二〇㌳(六・一㍍)〜八〇㌳(二四・四㍍)を設計し、標準桁となった。鹿児島ー吉松間は主にポーナルの、八代ー吉松間では主に杉文三設計のガーダー橋が用いられた。

(姫野照正)

瀬《せ》戸《と》石《いし》駅《えき》ホーム上屋《うわや》

熊本県八代市坂本町川嶽
明治四十三年（一九一〇）

〈見どころ〉 この駅には、現在駅舎がないが、島式のホームにはかわいらしい一〇坪の明治期の上家が残っている。桁行き方向六間、梁間方向一〇尺の大きさがある。桁行き方向に二間ずつ三等分され、その中央部分は壁があり待合室が設けられている❶*。八代側と人吉側の両側二間ずつは屋根だけで壁がない形式だったが、現在八代側は壁で覆われ倉庫となっている。屋根は切妻で、両側の妻面には洋風の雨除板の先端が三角形に切り揃えられ瀟洒な雰囲気を醸し出している。

　待合室内部には線路と平行に両側に腰掛けがあり、それを支える持ち送りは他の駅同様装飾が施されている❷*。この持ち送りの装飾は下が凸、上が凹となり、西洋の古典建築に見られる繰形サイマレクタを思わせる。この装飾は肥薩線の当初の各駅に共通に使われている❸*。

〈来歴メモ〉 川線開業当初、この駅はなかったが、坂本ー白石間が十八・八キロもはなれているためか、開通二年後の明治四十三年（一九一〇）六月二十五日設置された。駅の設置工事は明治四十二年十一月起工、翌年六月十日に竣工した。施工者は藤井組とされる。工事には二〇〇人もの人が従事する時があり、静粛を維持するため巡査の派遣を要請したという。

　当時の九州日日新聞には、「葦北郡百済来村、吉尾村、八代郡上松求麻村、球磨郡神瀬村の接触点」であるとされ、「球磨川畔に在りて眼前に自然の岩石欹だち参差たる老松碧潭に相映し風光頗る佳にして夏季一日の舟遊を試み澆溂（ママ）たる名物の鮎に一盞を傾くるに好適の地なり」と紹介されており、駅のすぐ横には球磨川に突き出した岩石があり、清流と岩石とが織りなす特色ある景色を作り出している。

　昭和四十年（一九六五）七月三日球磨川の洪水により駅舎は流失し翌年新駅舎が完成したが、昭和五十七年（一九八二）七月二十五日の洪水により駅舎が倒壊、昭和六十二年十二月九日駅舎は撤去された。その後駅舎は設けられていない。近くには、今や球磨川唯一となった楮木《かじき》の渡しがあり、地域の足として健在である。

（磯田桂史）

14

白《しろ》石《いし》駅《えき》

熊本県葦北郡芦北町白石
明治四十一年（一九〇八）

〈見どころ〉この駅舎は、川線で唯一、創建当初の形を保っていると思われる。球磨川と背後の山の間の僅かな土地を、道路、線路、ホームと分け合って建っている❶*❻*。本体の外壁は漆喰と下見板張りが併用され和風と洋風が混在している。待合室やホームにある木製の腰掛けを支える持ち送り、ホーム上屋を支える梁の先端などに装飾的な意匠が施され、はるかな明治の雰囲気をゆったりと味わうことが出来る❸*❹*。

駅舎本体の東側にある出入り口から北側にかけては、待合室の大空間の補強を兼ねた下屋が廻り、西側のホーム上家に連なっている❷*。これは、近代文明の象徴だった駅舎が、当時既に機能的な設計がされていたことを物語る。乗客は待合室からホームに出て汽車に乗る一方、汽車から降りた客は待合室を通らず横の下屋部分を通過

するというように、乗降客の流れが交錯しないよう計画されていたのである❺*。

〈来歴メモ〉 駅舎の工事自体は、開業前年の明治四十年（一九〇七）四月末日付けで帝国鉄道庁鹿児島出張所から発注公告が出されている。本家付属家三棟八一坪をはじめとしてその他の建物を含めて発注された。初代駅長は畠山国彦とされる。

「白石」という地名は、周囲に石灰石が採れることからついたらしい。かつては球磨川両岸に石灰石の工場があり、肥薩線が走る左岸の工場には専用線もあった。周辺に石灰石が分布していることは、対岸に熊本県指定天然記念物「神瀬の石灰洞窟」などがあることからも分かる。

昭和五十年、上流の鍾乳洞球泉洞がオープンし、その近くに着船場が変更になるまでは、この附近が球磨川下りの終点であった。右岸には川から舟をあげるためのスロープが残っていて駅から眺めることが出来る。昭和十七年（一九四二）に国鉄に入り昭和五十八年まで勤め、今も毎日駅の清掃を続けている蓑田功暉さんの話では、昭和三十年代までは駅前に旅館や食堂、雑貨屋等があって賑わいを見せていたという。

（磯田桂史）

エジソンの電《でん》気《き》自《じ》動《どう》車《しゃ》

熊本県球磨郡球磨村大字神瀬一一三〇番地

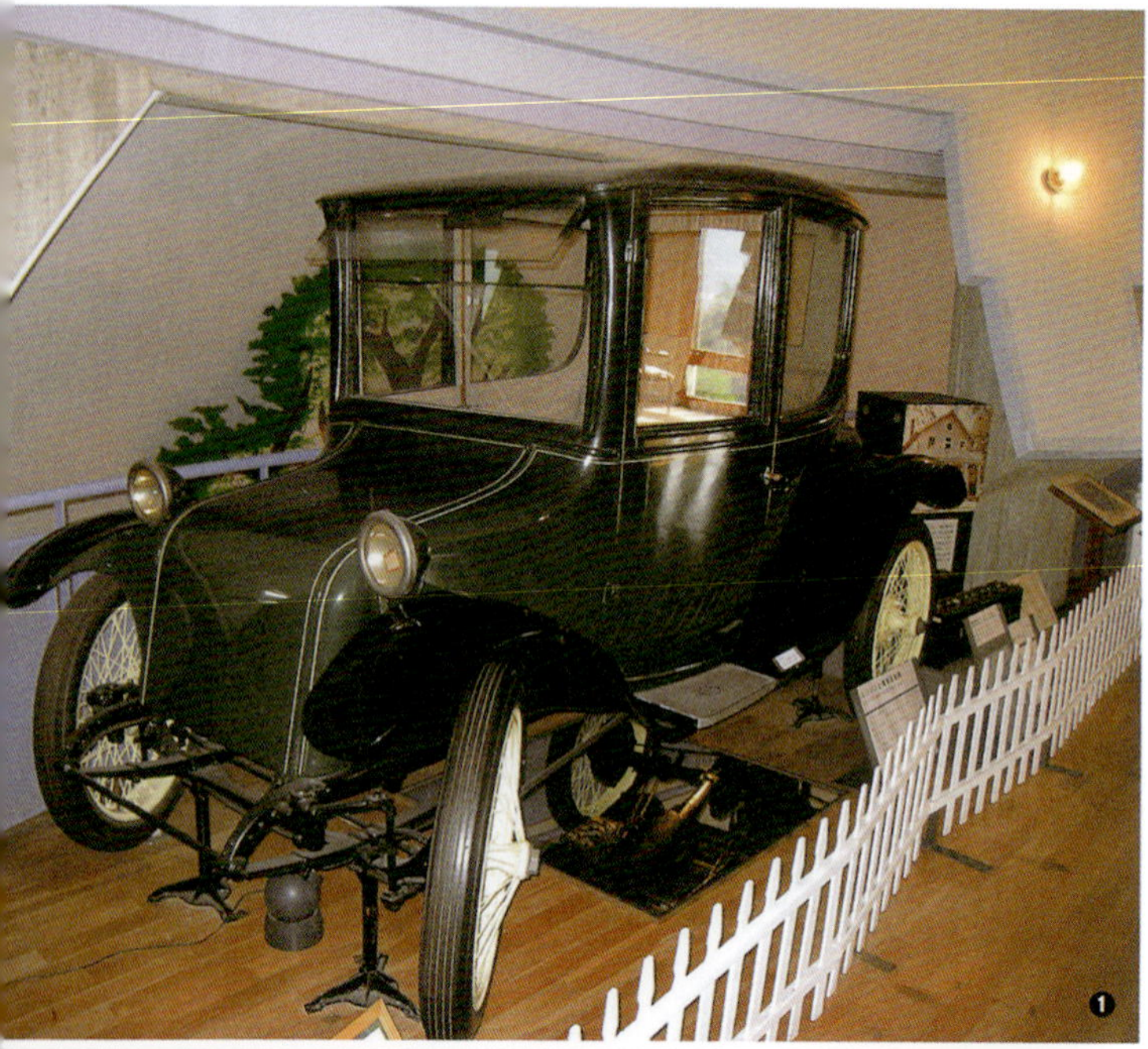

球泉洞森林館は 2020 年 7 月豪雨で被災後 2025 年現在休館中

3

4

〈見どころ〉ＪＲ球泉洞駅から徒歩で一五分、球泉洞下の球磨川下り着船場から五分の距離にある。

ここのメインは大鍾乳洞窟「球泉洞」と急斜面に建つ丸いドームの「球泉洞森林館」だが、この森林館の中の「エジソン博物館」の存在はあまり知られていない。

エジソン電気自動車は以前は六台が展示されていたが、一九〇七年型BAKER Electric Carと一九一八年型RAUCH & LANG Electric Carは二〇〇七年に東京電力電気博物館へ移籍し、残りの四台が展示されている。

①一九一〇年製　PALM BEACH Electric Car
②一九一八年製　MILBURN Electric Car（ブローアムタイプの電気乗用車）❶❸
③年式不明　One Place Electric Car
④年式不明　Motor Scooter Battery Operated

製作者のジョージ・ミルバーンは英国生まれでカナダに移住。一九一四年からカール・プロブストのデザインによる軽量型自動車を製造。一九一五年から一九二三年間に四〇〇〇台以上を生産したとされ、一回の充電で五〇㍄、時速一五～一九㍄のスピードが出たとされる。彼の電気自動車は一二八五ドルから一四八五ドルと廉価で、このブローアムタイプは一九一六年から生産されている。日本では梁瀬商会が総代理店となり販売された。

〈来歴メモ〉ミュージアムのある球泉洞森林館は昭和五十九年の開設。このエジソン館は平成七年五月に付設された。エジソンの展示資料はアメリカ・ニュージャージー州のデ・ラプレイン電気産業博物館から東京理科大学を経て〝青少年の科学する心を育てよう〟とこの地に展示されたもの。彼の多くの発明の中でも現在、注目を集めているクリーンなエンジン、ニッケル亜鉛電池❹を用いたパームビーチ電気自動車やモータースクーターなど❷が展示されている。球泉洞内の一九二八年製Ｔ型カナダ・フォードも自動車ファンには興味深い。（松本晉一）

16

一《いっ》勝《しょう》地《ち》駅《えき》

熊本県球磨郡球磨村大字一勝地
大正三年（一九一四）

❶

❷

❸

〈見どころ〉現在の駅舎は、大正三年（一九一四）秋に完成した二代目の駅舎である。明治四十一年（一九〇八）開業当時につくられた他の駅舎と比較して、基本的な骨組みはほとんど同様の形状を持っている。他の駅の外壁で見られる下見板と異なり、ここでは平成九年の改修により白い漆喰の壁になっている❶*❷*❸*。かつては事務室だった部分は、球磨村が借り受け、観光案内所とシルバー人材センターとなっていて、この駅に賑やかな印象を与えている。

この駅を有名にしたのは、その名前の縁起の良さで、同じ肥薩線の真幸駅、くま川鉄道のおかどめ幸福駅とともに、切符をお守り代わりに買う人が多い。記念入場券（一六〇円）には「必勝・合格　地に足をつけ一勝を！」と駅名にちなんだ言葉が書かれていて、月に五〇〇〇枚程度売れる時もあるという❹❺。

❹

❺

〈来歴メモ〉初代駅長は当時の新聞によれば岩崎長五郎である。駅舎の建設のため、明治四十年四月と六月に二度入札広告が新聞に掲載されている。初回は落札しなかったものと思われ、当時からなかなか「落ち」ない縁起のよさを持っていたのかもしれない。

一勝地の地名は、かつては「一升打」等の字が使われていたらしいが、一勝地と記載されている江戸時代の文書もあるという。慶長年間に始まったといわれる「一勝地焼」という焼き物は一時途絶え、再興されたが、近年再び途絶え惜しまれている。

鉄道開通に先立つ明治四十年、那良川上流の三ヶ浦松谷（現一勝地第二小学校）に、政府は官営の製材工場を設置した。これは日露戦争による国家財政の赤字解消のため、球磨地方の豊富な森林資源を利用しようとするものであった。白浜国有林の樅材や栂材を伐りだすため、製材工場、事務所、官舎等が建設された。七七馬力の蒸気動力を利用した竪鋸一台、丸鋸三台が設置され、明治四十年六月開所式が行われた。翌年末には大倉組に貸し下げられたとの報道記事もあるが、大正十三年（一九二四）十二月廃止となったという。

（磯田桂史）

芋《いも》川《がわ》橋梁《きょうりょう》

熊本県球磨郡球磨村一勝地
明治四十一年（一九〇八）

〈見どころ〉一勝地駅の手前、球磨川支流、黒白山中を水源とする芋川にかかるこの橋梁は八代－人吉間の観光記念絵葉書❶（鍋屋本館蔵）の「橋梁を渡る機関車」で知られる。

上部の橋桁は支間が違う上路鋼板の大小二連で構成されている❸*。板桁はプレートガーダーと呼ばれ、線路の下に桁があるものを上路プレートガーダー、線路の上に桁があるものを下路プレートガーダーと呼んでいる。橋台は煉瓦造りだが後にコンクリートで補修がされている❷*。橋梁の特徴は河原からそびえる塔状の煉瓦積みの橋脚である。八代－人吉間の橋脚は石積みが多く、それだけにここは貴重な存在である。煉瓦積みの一部に石を配し丸石の隅石がアクセントとなり橋脚自体が芸術的な仕上がりを見せている。隅石は煉瓦を挟み込んだ構造と

❸

❷

なっている。那良川橋梁も同様である。

〈来歴メモ〉芋川の由来は上流に鉄鉱石の鉱山があり、鋳物を製造していたその鋳物が訛って「芋《いも》」に変化し芋川になったと言われている。ここは球磨村行政の中心地で村役場を始め消防組合、郵便局、球磨焼酎の最西端に位置する醸造所もある。この橋は開通以来の橋脚だが、橋台、橋脚の一部は後にコンクリートで補修されている。近年、芋川沿岸の河川改修も完成し、誇らしげにそびえるこの橋脚はシンボル的な価値を発揮している。

関連して那良口駅の人吉側にかかる那良川橋梁も、同様のスタイルと構造を呈している。両者の煉瓦造りの橋脚デザインは、鉄道院の設計・施工によると思われるが、二つの相似的な橋脚構造は川線では特徴的である。芋川橋梁は一勝地橋からの遠景からの観察になるが、この那良川橋梁はすぐ傍の那良川橋から直接観察することができる利点がある。またこの那良川の上流側に目を移せば、元一勝地官営製材所に通じていたトロッコ線路の橋梁跡の遺跡も見ることができる。

（福井弘）

一勝地《いっしょうち》駅《えき》周辺《しゅうへん》の遺産《いさん》（淵田《ふちだ》酒造《しゅぞう》倉庫《そうこ》・棚田《たなだ》）

熊本県球磨郡球磨村一勝地

淵田酒造倉庫は二〇二〇年七月豪雨で被災後改修を行い二〇二三年より一部営業再開

〈見どころ〉県道沿いにある淵田酒造本店の焼酎蔵❷。煉瓦はイギリス積み。焼酎蔵の道路側には三つの窓があり、いずれも小さな庇が付いている。小口面を八個そろえて突き出し、その上に緩やかなカーブをつけた飾り煉瓦が載っている❹。石材が比較的容易に手に入る人吉球磨地方は、戦後も主要道路に石橋が架けられた。芋川に架かる橋詰橋は建造から五〇年ほどしかたっていない❸*。江戸期の石橋が残る県内では、新しい石橋だ。石工は鹿児島県加世田（現さつま市）の下舞清二。芋川左岸の道路から眺める鬼ノ口棚田は四季折々美しい変化を見せる。約八〇枚の田んぼは、江戸時代の野開きから地区の人たちが営々と築きあげてきた汗の結晶。堅固な石垣は確かな里の土木技術の証でもある❶*。

〈来歴メモ〉一勝地駅があるのは球磨川左岸。肥薩線の園

子谷橋梁の下を通る県道一五号はクランク状になっていて❺、そのカーブを曲がり終えると、小ぶりな煉瓦造の建物が目にとまる。渕田酒造本店の焼酎蔵だ。同酒造は球磨村でただ一つの球磨焼酎蔵元。明治二十年（一八八七）の創業当時はほぼ現在の線路上に建物があったという。同三十年代の終わりに肥薩線の建設が始まり、現在地に移転した。煉瓦蔵はその後、明治末か大正初期に造られたらしい。内部は二階建てになっていて、一階には三〇本の仕込み甕が埋め込まれている。

石蔵が多い人吉球磨地方で、なぜ煉瓦造の蔵にしたのか。明治四十一年にできた園子谷橋梁の橋台は一部煉瓦造で、九〇メートルほど球泉洞駅寄りの芋川橋梁（三八・七三メートル）の橋台と橋脚も煉瓦造。蔵元の主人は在来の石でなく、赤い煉瓦の構造物に新しい時代を感じ取ったのかもしれない。

煉瓦蔵から芋川沿いの道路を上流に向かって五〇〇メートルほど行くと、一勝地温泉かわせみのすぐ下方に昭和三十年（一九五五）架橋の橋詰橋がある。温泉施設の駐車場からさらに狭い道を上っていくと、日本棚田百選に選定された鬼ノ口棚田が遠望できる。

（高木浩）

一《いっ》本《ぽん》杉《すぎ》橋梁《きょうりょう》

❶

❷

熊本県球磨郡球磨村渡
明治四十一年（一九〇八）

❸

❹

〈見どころ〉一本杉橋梁とは、ＪＲ橋梁表による名称だが、線路の下をくぐっている暗渠《あんきょ》だ❶。気をつけておかないと見落としそう。写真左が渡駅、右が渡交番。下流側から上流を望む。端部は上流側と同じで煉瓦四重巻きだったと思われるが、現在はコンクリートで固められている。ここから下方は平成十七年（二〇〇五）三月に完成した今村第一排水樋管。暗渠と排水樋管の間は一㍍近く開いていて、外の光が差し込む。球磨川右岸の堤防から望む渡駅❷。駅舎は大幅に改築されていて、開業当時の面影はない。右が西人吉駅で、写真左端の地下に煉瓦造暗渠が通っている。

〈来歴メモ〉煉瓦造の暗渠は、明治四十一年の開業当時の姿をほぼそのままとどめている。駅舎と交番との間の水路にある。橋台面間長は二・四四㍍、長さの記載はない。上流側入り口は煉瓦の四重巻き。その外側は石組みだ。上部は草に覆われてよく見えないが、少し石積みが張り出しており、笠石のような形だ❸。

駅前の駐車場から水路に降りて、上流側からのぞいてみると、下流側の出口はアーチ形ではなく、四角に見える。つながっている今村第一排水樋管の形状だ。出口の向こう側から人の声が間近に聞こえてくる。球磨川でラフティングを楽しむ人たちの歓声だ。この暗渠は球磨川に直接つながっており、暗渠が拡声器の役割を果たしていた。

暗渠内の煉瓦は長手積みだ。側面の下は三段の石積み。川底は土砂に埋まっているが、暗渠の入り口前には石組みが残っているので、建造当時の川底は石畳のようになっていたのかもしれない。延長は一〇数メートルか。下流側にくると、側面の石組みは五段になる❹。（高木浩）

❶

第《だい》二《に》球《く》磨《ま》川《がわ》橋《きょう》梁《りょう》

二〇二〇年七月豪雨で流失

熊本県球磨郡球磨村渡（那良口～渡間）
明治四十一年（一九〇八）

〈見どころ〉球磨川右岸から見る第二球磨川橋梁。エンドポストが片方は斜め、もう一方は垂直になっている❶*。橋脚は切り石積みで、川の中央にある橋脚だけ二段目が四個重ねだ。上流側は水切りになっている❷*。右岸側の垂直のエンドポストに半分にかけた銘板が張り付いており、NEWYORK U.S.A EDGE MOOR PLANTと読み取れる❸。橋脚の上部は五角形を囲む石組み。舟戸橋は、夏は草に覆われているので、近くまで行かないと煉瓦造の橋台が見えない。明治四十一年竣工のイギリス積みで、水路幅より橋台の幅が大きく頑丈そうだ❹。国道二一九号からも見える小川橋。橋台は煉瓦造、橋脚の一部にも煉瓦が見える❺。

第二球磨川橋梁と渡駅間は約九〇〇㍍。この間の大中小三つの鉄道橋と一つの道路橋を探訪するのも楽しい。

〈来歴メモ〉球磨川第一橋梁と同じ明治三十四年（一九〇一）、鉄道作業局が建設に着手し、四十一年六月に竣工した。設計はアメリカ人の橋梁技術者クーパーとシュナイダー。鋼材は米国のアメリカン・ブリッジ社が製作したものを輸入している。形式も第一橋梁と同じトランケート・トラスと上路プレートガーダー橋の組み合わせだ。二連のトラス支間はそれぞれ六三・六五メートル。トランケート（切り詰め）式の橋は、川を斜めに渡るために設計された。トラスの両端の形状が異なっているのが特徴で、橋脚と桁は六〇度の角度になっている。橋長は一九九・四九メートル、橋台は煉瓦造、橋脚は美しい石造切り石積みだ。

同橋から約一五〇メートル渡駅側にある舟戸橋を知る人は少ない。小さな水路をまたぐわずか一・二二メートルの橋で、橋台は煉瓦造だ。舟戸橋からさらに六〇〇メートルほど渡駅に近づくと小川橋がある。橋台は煉瓦造、長さは三六メートル。

道路橋だが、第二球磨川橋梁の約一五〇メートル上流には県道三二五号に架かる相良橋がある。全長一三一・九五メートルの下路式曲弦鋼ワーレントラス橋。昭和九年に竣工した。県内に残る数少ない戦前のアーチ橋だ。

（高木浩）

八代駅
坂本駅
葉木駅
鎌瀬駅
瀬戸石駅
白石駅
球泉洞駅
一勝地駅
渡駅
人吉駅

浦《うら》野《の》酒《さけ》店《てん》煉《れん》瓦《が》倉《そう》庫《こ》

熊本県球磨郡球磨村渡乙一六一六－一
明治末期から大正初期（推定）

❶

〈見どころ〉渡駅を降りると、国道二一九号線を挟んで斜め向こうに、木骨煉瓦造りの倉庫が見える。浦野又生氏が経営する「浦野酒店」の倉庫だ。倉庫の煉瓦積みは小口と長手、それに白い目地が織りなすイギリス積みの中でも、オランダ積みといわれる仕上げ、建物全体の小ぶりなシルエットが印象的だ。その壁面上部に見える五段の軒蛇腹も特徴的で、これと同様な施しが一勝地の「淵田酒造」倉庫にも見られる。製作者やこの煉瓦がどこで焼かれたものかなどは不明だが、肥薩線のトンネル用の煉瓦との因果関係が判れば特に興味深い。地域で永く佇んできた倉庫は粛然と、静かに歴史を語りかけている❶*。

〈来歴メモ〉建築年月は不明だが、付近の黒田博章氏宅（球磨村渡乙一一〇五）の類似の煉瓦倉庫の柱梁に、「明治四十一年」の墨書があったそうだから、その頃か遅くと

も大正初期の建築と考えられる。町内には以前にもう一棟、煉瓦倉庫があったという。明治三十一年から三十二年にかけて鉄道が引かれた時代に「国鉄のトンネル工事なんかでつくられた煉瓦を利用したのでしょう」と浦野氏は語っている。かつては焼酎の醸造も営んだ「浦野酒店」は「明治二十五から二十六年頃の創業が本当だと思います」と、浦野氏は述べる。創業者は浦野又平という人物で、文久二年（一八六二）に生まれ、一三歳で奉公に出て商売の修行を積み、酒屋を開業したのだそうだ。

現在も煉瓦倉庫は物置に利用され❹、昭和五十年代には居宅として使用されたこともあり、出入口等一部が改築されている❷。内部には建築当時から地下室があるが❸、水害で水が入って以降は使用できなくなった。様々な時代を見続けた、風格ある建物だ。

また、「浦野焼酎屋」時代に撮影された絵葉書も紹介したい。法被に「渡駅前浦野商店」とある。球磨焼酎の銘柄は「米の露」、三輪車は旭内燃機製のイワサキオート三輪車である❺（「オールドタイマー&オールドエンジンイン人吉」記念絵葉書より）。

（本山聡毅）

8620形《がた》58654号《ごう》蒸気機関車《じょうききかんしゃ》「SL人吉《ひとよし》」

二〇二四年三月で現役引退　人吉駅前で公開展示

大正十一年（一九一四）

1

〈見どころ〉平成二十一年（二〇〇九）四月二十五日から熊本－人吉間を走りはじめた「SL人吉」❶❷。三両の客車を従える蒸気機関車が58654号だ。8620形（通称ハチロク）として大正三年（一九一四）から製造された旅客列車用機関車で、貨物用の9600形（キュウロク）と並ぶ国産、しかも量産された花形である。58654号は十一年、日立笠戸工場製でハチロクの四三五番目。

大正生まれの特徴はいくつかある。まずナンバーの付け方。昭和生まれは、最初に動輪（車軸）の数を表すCやDなどアルファベットが付くが、ハチロクは数字のみ❸。スポーク式車輪❹や優美な曲線を持つ化粧煙突も特徴だ。

❶❸❹は宇都宮照信氏撮影

〈来歴メモ〉製造直後の配置は浦上（長崎）。昭和八年（一

❷

九三三）に鹿児島へ異動、その後、豊後森、鳥栖、西唐津、若松、人吉などと転属。人吉時代の四十五年に全般検査を受け、入れ替えや湯前線（現くま川鉄道）で活躍。五十年三月に廃車、矢岳に保管されていた。六十三年七月、豊肥線の「あそＢＯＹ」用として車籍復活、平成十七年（二〇〇五）まで観光列車の先頭に立つ。「ＳＬ人吉」に使用される石炭はインドネシア産である。（中村弘之）

❸

❹

人吉駅
大畑駅
矢岳駅
真幸駅
吉松駅
栗野駅
大隅横川駅
嘉例川駅

人《ひと》吉《よし》機《き》関《かん》区《く》車《しゃ》庫《こ》

❶

熊本県人吉市城本町中青井町三二六番地一号
明治四十四年（一九一一）

〈見どころ〉人吉駅1番ホーム西側に石造りの機関車庫が見える。くま川鉄道の跨線橋を渡り村山古墳公園沿いに左へ四〇〇㍍ばかり歩くと、入り口の緑十字鉄製アーチが出迎えてくれる。線路内や機関庫には許可なく立ち入りは出来ないが観察は周辺から十分可能である❶*。

石材は凝灰岩、仕上げは江戸切りで瘤出しと呼ばれる表面加工❷*、内部は砂漆喰で造られ、川側には一四の明り窓を設置❸*。製作は京都の石工・亀山留三郎とされ、球磨川第三橋梁の橋台工事も請け負っていたとのこと。

機関庫は長方形型。庫内に並行する三線軌道を設定したアーチ開口部が特徴的❹*。以前には大きな木製の扉が付いており、錆びた鉄製蝶番の埋め込みがそれを物語る❽*。庫内には点検ピット❺*や軍用貨車台車❼*、修繕設備等❻が当時のままに数多く残されている。

❸

❷

❹

5

7

6

9

8

旧熊本機関庫を始め煉瓦造りの多い中、九州内では鹿児島機関庫（明治三十四年）、門司機関庫（明治二十五年）に石造りが見られたが、現存は人吉機関庫のみという希少的価値を有する。平成十九年秋には経産省の「日本の近代化遺産三三」の一つにも選定された。

〈来歴メモ〉機関庫史によれば初代機関庫は木造平屋小板葺きで九〇坪、庫内線路は二条、機関車収容数は四輌で明治四十一年六月一日より使用開始。石造り機関庫は二代目で明治四十四年（一九一一）十一月に給水器と採炭所を併せて落成、十二月一日より運転及び修繕業務を開始した。機関車庫は二九四坪、外壁石造り、内部鉄骨、屋根亜鉛引板、内工場道具室及び機関夫詰所四二坪、収容線三線、収容数は当時の5700型で九台、3100型で一二台が収容できる規模である。現在はディーゼル動車用の管理施設となっている❾。

平成二十一年四月二十五日には「SL人吉」が復活。石造り機関庫をはじめとする諸施設はSL時代の雰囲気を残しており、ますますその価値が見直されている❿（山口雅宏撮影）。

（松本晉一）

24

人《ひと》吉《よし》駅《えき》1番《ばん》ホーム古《ふる》レール

熊本県人吉市城本町中青井三二六番地一号
大正五年（一九一六）

〈見どころ〉1番ホームの西端、西人吉駅寄りの屋根を支える支柱に明治期に製造された古レールが使われている❶。最後の柱の下段から五〇センチの高さの線路支柱側面に「UNION D 1889 KTK」の刻印が読める❹。レールの腹部（ウェブ）には上から、線路製造会社名、製造年度、納入先等が記されており、「ウニオン ドルトムント 一八八九年製 九州鉄道株式会社」の略号である。同様に手前の支柱にも同社製のレールが数カ所散見される。

　他にも跨線橋用の補助支柱等に古レールがあり一九〇七年、一九〇八年、一九一〇年製の官営八幡製鉄所製❸や同じ八幡製でも年号が二六〇四年という皇紀年号のものまで見られる。

　また米国カーネギー社の一九〇七年製のレール支柱もあり、同社のレールでは一八九八年製のものが実際に機関庫奥の構内線路にも使われている。

〈来歴メモ〉このレールは九州に鉄道が開通した創生期に製造された貴重な鉄道産業遺産である。レールは五〇ポンド／ヤード、つまり一ヤード（九一・四四センチ）につき五〇ポンド（約二二・七キログラム）の重さであり、現在のJR在来線の本線で使用しているレールと比較しても半分に満たない重さである。ウニオン ドルトムントは旧西ドイツ、ノルトライン・ヴェストファーレン州にある工業都市ドルトムントにある製造会社名で、一八八九年（明治二十二）九州鉄道会社の注文で製造されたもので耐摩耗性に優れているとして採用された。この年の十二月に九州最初の鉄道、博多－千歳川間が開通しているのは興味深い。

　このホームの上屋の延長が跨線橋架設の時期と同じとすれば、おそらく大正五年（一九一六）三月頃に支柱として設置されたものと思われる。一八八九年（明治二十二）に製造されて以来一二〇年、今日そして未来へと本来の目的とは違ってはいるが、人知れず黙々とその役目を果たしている❷。このレールも機関庫とともに経済産業省認定の遺産の一つである。

（松本晋一）

25

人吉《ひとよし》機関区《きかんく》の転車台《てんしゃだい》

熊本県人吉市城本町
昭和三十六年（一九六一）

〈見どころ〉旧人吉機関庫のすぐ脇に現役の転車台が残っている❶*。蒸気機関車廃止後、各地にあった転車台は姿を消し今や貴重な存在となった。

転車台の構造は鈑桁に操縦室を取り付けたシンプルな形態である。転車台は二〇メートル級の上路鋼板桁で、災害防止のため踏板や手摺を設け、桁端には操縦室が設置されている。室内には日立製の制御器とパネル上には電圧、電流計があり二〇〇ボルトを受電している。動力用電力は中心部の架線から回転環を通じ操縦室へ配線❷*。伝導装置は操縦室下にある電動機から自在接手を介し、小平ギヤ・大平ギヤに取り付けた桁端車輪を経て、桁端車輪がピットの内周に敷設したレールを移動する。ピットはコンクリート張りで排水の関係で中央部に向かい低くなっている。桁外装には球磨川下りやキジ馬・鮎・そして五

木の子守唄などの郷土の風物が描かれている。

〈来歴メモ〉転車台は一九六〇年設計の上部鋼板桁、三支点形で近年のものである。現在の桁は昭和三十八年（一九六三）二月に取り替えられた二〇メートル形。九州でも転車台は少なく希少的価値は勿論、技術的にも興味い。それ以前は一九二九年に取り替えられた下路鋼板の桁で、当時の機関車から推定すると恐らく六〇フィート（一八メートル）形と思われる。鉄道国有化後、転車台は規格化され一九〇九年七月に四〇、五〇、六〇フィートの三種が制定された。現在の桁は三代目となる。なお桁には銘板が見当たらずメーカーは不明だが電気駆動系統は日立製である。

転車台操作のポイントは、まず転車台本体の停止位置をロックピンと同じ位置に合わせること、次に転車台中央にうまく機関車を停止させること。特に大型のD51、C55、C57機関車のエアーブレーキ操作には熟練が必要であったという。（福井弘）

人吉駅
大畑駅
矢岳駅
真幸駅
吉松駅
栗野駅
大隅横川駅
嘉例川駅

人《ひと》吉《よし》駅《えき》跨《こ》線《せん》橋《きょう》・燃《ねん》料《りょう》小《ご》屋《や》

熊本県人吉市城本町中青井町三二六番地一号
大正五年（一九一六）

〈見どころ〉1番線から2番線ホームにかけての跨線橋は大正五年（一九一六）当時のものである❶*。ホームの支柱を含め、今は青色に塗装されているが当時の雰囲気は損われていない。

跨線橋の構造規格については明治四十二年に「跨線橋定規」という規格が制定されており、人吉駅の規格もこれに準じたものと思われる。親柱に名前は見当たらないが、矢岳駅ＳＬ展示館入り口にある親柱には「鉄道院」の銘がある支柱も残されており、その構造の特徴と設置された大正五年三月という時期から、この跨線橋も「鉄道院」（大正九年五月十五日より鉄道省移行）時代のものである❷*。２番ホーム跨線橋の真下の補強に使われた古レールの溝桁も明治四十年（一九〇七）当時のものであり、同様の跨線橋は吉松駅にも存在する。

4

3

2

5

1番線跨線橋のすぐ奥手にある燃料小屋❹*は橋の南側に位置しており、危険品倉庫二号として管理され、広さ二三・二平方㍍の石造りの壁にスレート屋根が載せられている❺*。その石の積み方や瘤出しの形状から機関庫とほぼ同じ時代のものと推定される。記録では明治四十一年四月とあり、油類の倉庫として造られたもので人吉駅開業当時の様子をうかがえる唯一のものであろう。

〈来歴メモ〉人吉駅1番ホーム（上り）と2、3番ホーム（下り）をつなぐ跨線橋は、大正五年三月二十八日に新設され、翌四月五日の第五番列車から使用が開始されている。その形式は四本の鉄骨円柱による造作で各ホーム間の橋を支えている❸*。これらの構造物は他所と比較して時代的にも構造的にも貴重なものである。大正十三年三月三十日には湯前線（現くま川鉄道）開業のため、跨線橋が延長され、同時に4、5番線ホーム、待合所、便所、電燈も設置された。その延長用跨線橋の構造物も古軌条と鉄骨による構造形態である。昭和二十八年五月には3、4番線跨線橋鉄部のペイント塗装工事を施行、六月には張り板工事をした記録がある。現在は従来の跨線橋とくま川鉄道跨線橋との二重橋となっている。

（松本晉一）

1

球《く》磨《ま》川《がわ》第《だい》三《さん》橋梁《きょうりょう》

熊本県人吉市上新町、七地町
昭和五十二年（一九七七）

〈見どころ〉球磨川鉄橋の中で最上流に架かる肥薩線三番目の橋梁❶*。肥薩線は南下の途中、大きく向きを変えここで最後に球磨川を渡り山線へと向かう。

　この橋梁は二代目の鉄橋であり、二連のトラス、三連鈑桁の橋構成をすぐ傍の堤防から間近かに見ることが出来る。沿線では一番新しい橋梁となるが、それだけに明治期の遺産の多い中、近年建造のこの橋は時代の流れをよく現わしている。この鉄橋の上下に高速道路橋を含め四本の道路橋が架かっているが、このトラス構造による鉄道橋はさすがにその重厚感と威厳とが存在感を示している❷*❹*。

〈来歴メモ〉初代橋梁❺は明治四十一年（一九〇八）アメリカンブリッジ社製のシュウェードラー・トラスと呼ばれる二〇〇フィート曲弦プラットトラスで、現在と同じく二連

❹

❷

❺

❸

トラスと三連鈑桁で構成され、鋼材はカーネギー製鉄所製。また第一、第二橋梁とは構造形態は違っているが、鋼材の結合は同様にピンを用いたピントラスであった。前後の鈑桁（上路鋼板）は川崎造船所兵庫工場明治四十一年（一九〇八）製、架設は大田組が施工した。

このトラス形式は東海道本線に多数架設されたが、九州ではここ第三橋梁のみであり、現存していれば貴重な遺産となるはずであった。しかし人吉盆地特有の朝霧による水分の付着で各部に腐蝕が進み、鈑桁と共にトラス桁も昭和五十二年一月に交換された。工事はトラス桁を上流側に仮橋脚を設置、ケーブルクレーンによる張り出し工法（カンチレーバー・エレクション）で架設。橋脚は石積みであるがコンクリートを捲き立ててある。旧橋梁はリベットが多かったが、新橋梁は溶接を主とし、各部の接合は高力ボルトを用い、曲弦が平行弦に代わりすっきりとした構造となった。

昔はこの橋の上手に渡船場があり、夏には遊泳する子ども達で賑わっていた。現在、両岸の煉瓦積みと隅石を交互に用いた橋台だけがその当時を物語っている❸*。

（福井弘）

芳《よし》野《の》旅《りょ》館《かん》

二〇二〇年七月豪雨で被災後改修を行い二〇二一年二月一部営業再開、二〇二二年十一月全館営業再開

熊本県人吉市上青井町一八〇
大正二年（一九一三）

❶

❷

❸

〈見どころ〉人吉駅からほど近い、人吉温泉の中心部に位置する芳野旅館。まず目を引くのが、建物に対して斜めを向いた玄関だ❶*。中庭を有す木造二階建ての建物は風水に従っており、玄関もそれにならい斜めを向く。純和風旅館の芳野旅館は大正二年（一九一三）に料亭として創業しており、内部は料亭建築ならではの豪華なもの❸*。客室の壁に古い船板を使ったり、茶茎で壁を仕上げるなど細かな趣向が見られるだけでなく、各部屋には一段上がった化粧部屋もあり贅沢な造りになっている❻*。大広間や廊下の天井、下地窓などの凝った意匠も見どころ❷*。

現在、従業員宿舎として使われている初期に建てられた部分は、老朽化が進むも保存の目的もあり当時のままだ。一般には公開されていないが、創業時の趣を色濃く残す魅力的な空間になっている❹*❺*。

〈来歴メモ〉明治四十二年（一九〇九）頃、肥薩線工事で賑わう人吉で、安藤家の遠縁の娘で髪結いをしていた初代女将と、肥薩線工事での資材輸送を担う馬車引きの元締めだった初代館主が出会う。その後女将は工事関係者向けの仕出し屋を始め、後に二人は元相良藩の御殿医である安藤家の屋敷で「料亭芳野」を開業する。当時は肥薩線の工事関係者だけでなく、材木問屋などの商談、政治家などの会合でも賑わっていたといい、昭和十年には敷地内に温泉を掘り、料亭と併せて旅館業も始める。

芳野旅館では長らく創業を大正二年としていたが、最近、初代女将が明治四十五年に亡くなっていたことが判明。よって本当の創業年は明治四十五年以前だろう。

現在旅館として使われている建物は、料亭として明治末から大正、昭和初期にかけて建てられたものが混在している。建築を行ったのは京都で宮大工の修行をした鹿児島の後藤大工といわれており、同市にある人吉旅館（別項参照）の建設も手掛けている。

明治、大正時代のきらびやかな料亭建築の魅力を保ちつつ、旅館として営業することは苦労も多い。時間に磨かれた価値ある建物を永く活かして欲しい。（中田浩毅）

人吉旅館《ひとよしりょかん》

二〇二〇年七月豪雨で被災後改修を行い二〇二一年十月一部営業再開、二〇二二年四月全館営業再開

熊本県人吉市上青井町一六〇
昭和九年（一九三四）

〈見どころ〉平成二十年（二〇〇八）、熊本県初の国宝に指定された青井阿蘇神社のほぼ正面に位置する人吉旅館。純和風の温泉旅館で、南側に面した客室からは日本三大急流球磨川の清流を間近に眺めることができる❺*。

木材の産地ということもあり、地元の天然木をふんだんに使用した木造二階建ての建物は、部分的に改修されているものの昭和九年（一九三四）の旅館創業時から大きく変わることなく当時の趣を残している❶*❷*。美しく磨きこまれた廊下の床板も当時からのもので、建物の建築時には、その廊下が面している中庭に設備を持ち込み、地元の木材から製材を行ったという❹*。また、建物には土地の気候に合わせた工夫が施されている。球磨川を見下ろす位置にある人吉旅館には、南側からの風を遮るものがない。そのため強風で軒先が持ち上げられないよう、

4

❷

5

❸

縁桁に直径五〇～六〇㌢の大丸太を使用。球磨川に面している客室の縁側を、約一〇㍍の大丸太二本がしっかりと押さえている。これまで幾度となく強風に遭ったが、周囲の家屋に多くの被害が出ても人吉旅館の軒先が持ち上がることはなかったという❸*❺*。

〈来歴メモ〉初代館主は元々魚屋を営んでおり、北海道などから仕入れた塩乾物（塩漬けや干物の魚など）を、球磨郡一円に卸していた。昭和七年（一九三二）に温泉を掘削し、魚屋を営む傍ら公衆浴場の経営も始める。このときの源泉は人吉旅館の中庭にあり、現在も地下四六〇㍍より豊富なお湯を湧出している。

公衆浴場の経営も軌道に乗った昭和九年、温泉を活かした旅館を始める。旅館業を始める際には、交流のあった芳野旅館（別項参照）の二代目館主と一緒に霧島へ旅館の見学に出かけており、そこで見学した旅館「霧島館」（現存せず）をモデルに人吉旅館は建築されたという。当時、人吉では大口越え（鹿児島県大口市側）した薩摩の大工が多く活躍していたと言われており、施工は芳野旅館二代目館主の紹介で、芳野旅館も手掛けた鹿児島出身の後藤大工が行っている。

（中田浩毅）

30

人吉市《ひとよしし》の公衆温泉《こうしゅうおんせん》「新温泉《しんおんせん》」

二〇二〇年七月豪雨で被災後、休業中

熊本県人吉市紺屋町
昭和六年（一九三一）

1

2

3

〈見どころ〉人吉郵便局前から東に、山田川に架かる出町橋を渡って二つ目の路地を左に入ると、青いトタン屋根の新温泉が見える❶。湯気抜きのドーマー（屋根窓）が特徴だ❷。木造寄せ棟で二段の下屋が架かっている。下屋の軒高は意外と高い。屋根は二重になっていて、一段高い屋根の下方が浴室。浴室と脱衣場を仕切るガラス戸は建築当時の模様ガラスで、浴室はコンクリートの打ち放し。タイルは貼られていない。見上げると、高い天井の中央がかまぼこ形にへこんでおり、湯気の出口窓はアーチ型だった❹。とんがり屋根の外観からは想像できない構造になっている。道路に面した側のガラス戸は、ところどころに気泡が入り、表面が波打っていて外の景色がゆがんで見える吹き板ガラス❸。

〈来歴メモ〉人吉は温泉町だが、歴史は浅い。温泉掘削が成功したのは明治四十三年（一九一〇）といわれ、鉄道開通より二年遅い。人吉市作製の観光ガイドによると、現在、市内には二八カ所の公衆温泉が点在。しかし、戦前からの建物が残る温泉施設は意外と少ない。

往時の姿を最もとどめているのが、昭和六年（一九三一）に営業を始めた紺屋町の新温泉。外観、内部とも建築当時の姿を濃厚に残している。ここだけ違う時の流れがあるようだ。床材は松、梁は檜、壁の一部には美しい木目の栂《つが》が使われている。

泉質は微弱アルカリ性の単純泉。リウマチや神経痛に効能があるという。泉源は道向かい。脱衣場には昭和初期の温泉掘削の写真❺が掲げてある。上総《かずさ》掘りの特徴である、連接した竹ひごを巻き取るへね（ひご）車が写っている。井戸を掘る上総掘りの技術が温泉掘削にも応用された証拠写真だ。一日一㍍ほど掘り進んだと言われ、ほぼ一年がかりで自噴の泉源にたどり着いたという。水車のようなへね車こそ、明治半ばから昭和三十年代まで継承されたわが国独自の井戸掘り技術。写真右端に写っているのが施主で新温泉をつくった永見三郎氏である。

（高木浩）

繊《せん》月《げつ》酒《しゅ》造《ぞう》焼《しょう》酎《ちゅう》蔵《ぐら》

熊本県人吉市新町一
明治三十六年（一九〇三）

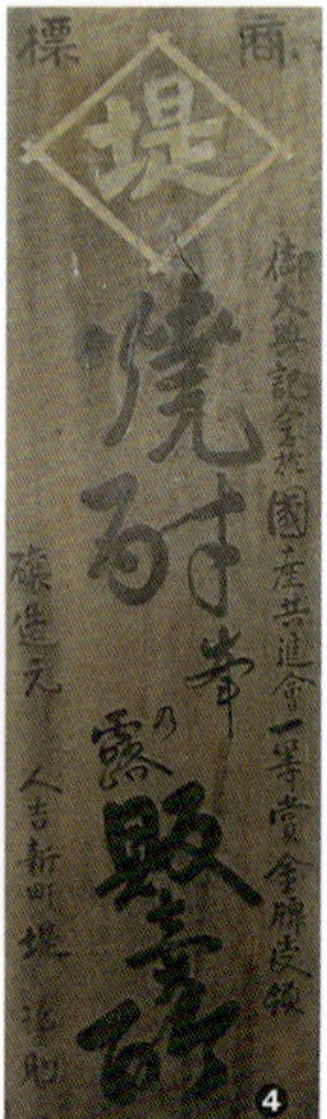

堤温泉は 2020 年 7 月豪雨で被災後
2022 年建替営業再開

〈見どころ〉世界的ブランドとなった球磨焼酎。数ある銘柄の中でも「白岳」と人気を二分するのが「繊月」。繊月酒造は人吉駅から約一キロ南へ下ったところに位置する。初代堤治助《つつみじすけ》は福岡県の田主丸《たぬしまる》の出身、いわゆる「筑後《ちっご》商人」である。人吉で味噌・醤油業を営む堤家へ養子として入り、明治三十六年（一九〇三）に分家し、「堤治助商店」として焼酎造りを始めた❹。明治初期には二〇〇余軒、大正元年には八九軒もの酒造場が球磨・人吉にあったという。そうした焼酎業界の中で一躍リーダーの座を手に入れる契機となったのは、大正五年（一九一六）に他の酒造場に先駆け、仕込みから熟成までの期間短縮、蒸留器の改良による品質向上など、球磨焼酎の近代化を図ったことである。

敷地内には創業当時の建物が多く残る。敷地内の東に建つ旧仕込み蔵、旧売場・瓶詰品倉庫、道向かいの大手蔵がそうで、白壁土蔵が並ぶ様は美しい景観を創り出している❶❸。旧売場・瓶詰品倉庫は梁間六・五間、桁行七間の木造二階建て、塗籠《ぬりごめ》造り、平入りの建物で、北側に玄関が付き、店主と家族の住居も兼ねていた。客は正面から、店主・家族は正面右手の門から入る仕組みになっている。旧仕込み蔵はこれに対し妻入りで、梁間六間、桁行六・五間の木造平屋建てである。隣家と接する壁は防火のための煉瓦造りになっている。人吉城大手門跡前にある大手蔵の外観はやや様変わりしているが、軸組みは創業当時のものである。＊旧売場・瓶詰品倉庫、旧仕込み蔵、大手蔵の三棟は市道の拡幅のため平成二十一年度に解体予定。

〈来歴メモ〉本社正門入って左脇には、江戸から明治にかけて、球磨・人吉で焼酎製造に使用された「甲釜《かぶとがま》式蒸留器」が復元してある❷。中国伝来のもので、下釜の上の簀《すのこ》を通った醪《もろみ》液を沸騰させ、その蒸気での簀上に残った醪を熱し、上釜に張った水で冷まされた露（焼酎）が竹管を通って桶に溜まる仕組みである。最新式の機械と見比べると近代酒造史の一端がうかがえ、興味深い。

西隣には、堤家が経営する堤温泉がある❺。開業は昭和十年代。木造平屋、入母屋造りの建物で、昭和二十四年の入浴者心得、大きな姿見、目隠しの柵、タイル張りの洗面台など、レトロ情緒に溢れている。

（溝辺浩司）

人吉駅周辺《ひとよしえきしゅうへん》の洋風建造物《ようふうけんぞうぶつ》

青井阿蘇神社禊橋　熊本県人吉市上青井町　大正十年（一九二一）
犬童家住宅　熊本県人吉市西間下町二五二　昭和七年（一九三二）
カトリック人吉教会司祭館・信徒会館　熊本県人吉市寺町五－一　明治三十六年（一九〇三）
山江村都市農村交流センター・時代の駅むらやくば　熊本県球磨郡山江村大字山田甲一四一五　大正十二年（一九二三）　国登録有形文化財

〈見どころ〉青井阿蘇神社禊橋　人吉駅前通りを球磨川方向へ二〇〇㍍ほど行くと右手に国宝青井阿蘇神社が見えてくる。その「青井さん」前の蓮《はす》池に架かるのが禊橋《みそぎばし》である❶。コンクリート造の充腹《じゅうふく》式三連アーチ橋で、橋長二六・七㍍、橋幅三・八㍍、アーチ部分には石を貼り石造のように見せており、上部にはローマ建築を想わせる迫石《せまり》がはめ込まれている。蓮池には元々橋はなかったが、明治二十八年（一八九五）にアーチ型の木橋が架けられ、老朽化したために今の橋に代わったといわれる。宮司の福川義文氏は「神社に詣でる前に蓮池を渡ることで心身の禊をするということだろう」と語っている。県内のコンクリートアーチ橋では熊本市にあった祇園橋《ぎおんばし》（大正七年竣工、平成十四年解体）に次ぐ古さ（現存最古）を誇る。

❸

❷

禊橋の建設には当時の金額で約七〇〇〇円を費やしたが、その多くは六七三名の寄付でまかなわれた。子爵相《さが》良頼紹《らよりつぐ》をはじめとする寄付者の名は、傍らの「禊橋架設碑」に刻まれ、その功績を称えている。六、七月の蓮の花が咲く頃が最も美しい景観である。

犬童家住宅　青井阿蘇神社から球磨川を渡り、さらに南へ一キロほど行った閑静な住宅街にある。多くの人々に親しまれている「旅愁」や「故郷の廃家」の作詞家犬童球渓《いんどうきゅうけい》（一八七九～一九四三年）が、大正七年（一九二一）の帰郷後ほどなくして本家に隣接して建てた住宅である。木造平屋の和風の母屋に、ピアノ演奏にふさわしい部屋を作るため、昭和七年（一九三二）頃に洋館を増築している❷。洋館は金属板葺き、桁行二間、梁間三間で、石造風に仕上げた白壁と黄土色のドイツ壁のコントラストが美しい。大正から昭和にかけての和洋折衷住宅は、市街地でも時折見かけるが、応接間でなくピアノ演奏のための部屋というのが珍しい。

犬童家住宅の洋館は現在、球渓の次女とし氏が管理しており、手入れの行き届いたピアノや椅子、譜面等が球渓の生前当時そのままの姿で置かれている❸。

5

4

7

6

8

カトリック人吉教会司祭館・信徒会館　犬童家から東へ約四〇〇メートル、官公庁の建物群の隣にある。人吉における最初のキリスト教布教は明治十七年（一八八四）、ハリスト ス正教会、福音ルーテル教会により始まるが、それに遅れること一二年、カトリック教会（コール神父）が人吉入りする。布教の拠点として初代主任司祭のブレンゲェ神父が六年の歳月をかけて建設したのが、この元教会堂である。瓦葺きの木造二階建てで、当時流行のベランダ下見板コロニアル様式の洋館である❹。熊本県に現存する同様式の建物では八代市のシャルトル聖パウロ修道院記念館（明治三十三年）に次ぐ古さである。左右対称に室（旧御堂等）が張り出しているのが大きな特徴で、吹き放《はな》ちのベランダ（今は空調のため壁板を張る）や総欅《けやき》の廻り階段、玄関・軒下のフランス系装飾に明治の香りが漂う❺❻。隣には復生院《ふくせいいん》（診療所）が建てられ貧窮者のための治療や刺繍技術等の授産も行われたという。人吉における近代福祉の出発点ともいうべき遺産である。

　昭和三十一年に新聖堂が落成した後は、司祭館《しさいかん》（司祭の住居）、および信徒会館（集会所）として利用されている。敷地内には禁制時代のキリシタン供養碑等があり、人吉のキリスト教史を学ぶことができる。

山江村都市農村交流センター・時代の駅むらやくば　人吉駅から北へ約四キロ、県道相良人吉線沿いにある。山江村の旧役場庁舎として大正十二年（一九二三）に竣工した❼。瓦葺き、木造二階建て、平入りの洋風建築で、正面中央を少し突き出させて一階に切妻造のポーチを設けている❽。外壁は一階が下見板張、二階がモルタル塗になっており、正面突出部と両側面では柱を露出させて意匠を引き立てている。元は一階が執務室、二階が議会議場として使用されていた。人吉・球磨地方では現存最古の洋風役場庁舎として貴重な建築遺産であり、昭和十六年に完成した石蔵、山江村農林産物集出荷貯蔵施設（旧球磨地域農業協同組合第二六号倉庫）とともに村のランドマークになっている。

　「時代《とき》の駅むらやくば」という名称は、公募によって付けられたもので、郷土料理レストランやイベント会場として活用されている。ボンネットバス「マロン号」とともに住民に親しまれる存在である。

（溝辺浩司）

❶

❷

人吉駅
大畑駅
矢岳駅
真幸駅
吉松駅
栗野駅
大隅横川駅
嘉例川駅

山《やま》江《え》村《むら》ボンネットバス・マロン号《ごう》

熊本県球磨郡山江村山田甲一三五六－一
（山江村役場車庫保存）
一九六四年

〈見どころ〉平成十七年（二〇〇五）、日本で六九番目に産業考古学会推薦産業遺産に認定されたマロン号❶は、九州地区に現存する最も旧いボンネット型のバスであり、動態保存されているものは他に一九六七年製一台がある。

　ボンネットバスはエンジンを運転席前部に配置した鼻の突き出たスタイル❷が特徴的で、愛嬌がある。車内は製造された当時のままの状態であり、一九六九年にローカル線用ワンマンバスに改造されている。床部は木製❼で窓は上下に開閉❻、エアコンは当然ない。走行時はエンジン音が大きく車内での会話もおぼつかないが、そのノスタルジックな乗り心地も体験する価値がある。

〈来歴メモ〉このバスは昭和三十九年（一九六四）にいすゞ自動車㈱で製造されたＢＸＤ30型で、車体は熊本市の松本車体工業が担当し、同年九月九州産業交通㈱の路

線バスとして運行開始、一九六九年にワンマンバス仕様に改造されている。同社での運行は一九七八年八月までの一四年間、走行距離は七二万キロ。当時このバスは強力な動力性能と経済性を併せ持ち、堅牢な車体と登坂能力、優れた操縦性❺（四段シンクロメッシュギア、ホイールベース四メートル）から狭い道路、屈側路や坂道での使用に適しており、県内の山間や沿岸部、当地方を運行していた。路線を引退した後は山江村が譲り受け静態保存していた。

一九九二年、村民有志が当時のいすゞ自動車人吉営業所と協力し復活作業に着手。その後、関係機関の協力を得て登録手続きに入り「抹消登録証明書」の復活や新規登録と運行に関する規制をクリアし、平成五年（一九九三）復活。その後平成二十年（二〇〇八）夏には車体のフルレストアを完了❹。同年九月には全国初となるボンネットバス九台を集めた「全国のボンネットバス大集合」でホスト役をつとめた❸。今後、全国のボンネットバスとの連携や維持活用へのネットワーク体制が期待できる。

（北田愛介）

❶

2

大《お》畑《こば》駅《えき》

熊本県人吉市大畑麓町
明治四十二年（一九〇九）

〈見どころ〉人里離れた高原に寂しく建っているが、ループ線にスイッチバックを併用しているのは全国唯一。しかもループ線の途中に駅舎があるという日本鉄道史上、貴重な駅であり、開業当時の姿を保つ駅舎である❶*❷*。

標高二九四メートル、大野山の中腹に南向きに建ち、瓦葺き切妻屋根の木造平屋建で梁間《はりま》四間、桁行《けたゆき》七・五間。正面右半分を待合室、左半分を事務室や宿直室に充てている。他の山線駅舎と同様に事務室からタブレット機器を備えた部分がホーム側に突き出ている。待合室は棹縁《さおぶち》天井で中央に方形の換気口があり、ベンチは事務所と反対側にコの字型に設けるほか、ホーム側にも設けている❸*❹*❻*。

窓口は二つで左が切符売場、一段低い右が荷物預かり場である。持ち送りがS字カーブをなしており明治のモダンさを感じさせる❺*。同様の意匠はベンチや便所の庇《ひさし》

人吉駅
大畑駅
矢岳駅
真幸駅
吉松駅
栗野駅
大隅横川駅
嘉例川駅

3

4

5

6

にも見られる。やや腰高の白い漆喰《しっくい》と黒ずんだ下見板張を併用した和洋折衷の壁、京の町屋《まちや》を思わせる格子窓《こうしまど》、正面右側の待合室からホームにかけて巡らされた下屋、太い柱など肥薩線の古い駅舎群に共通する様式を持っており、九州男児を彷彿させる無骨さがある。

〈来歴メモ〉大畑は江戸時代、薩摩へ抜ける加久藤越《かくとうごえ》の宿場町として栄え、肥薩線の開通までは客馬車が往来した。林産物が豊富で、昭和八～十二年の大畑駅からの発送品目をみると炭鉱で使用する坑木が多くを占めている。

駅舎の西側には、昭和十三年（一九三八）建立の駅員詰所が、東側には開業時からの便所が残る。また、駅舎から東西にそれぞれ五〇㍍ほど離れた線路には、蒸気機関車時代に使用していた長さ八五〇㌢、幅八五㌢、深さ約三〇㌢のピット（使用済み石炭の廃棄溝）が残る。

他にも石造給水塔や朝顔型手洗い場、一〇〇㍍にも及ぶ石垣など、開業当時の遺構が数多く残る。昭和五十年頃までは、線路を挟んで駅舎の反対側に駅長官舎があり、駅前には売店もあったといい賑やかだった往時が偲ばれる。

（溝辺浩司）

❷

❶

35

大畑駅給水塔《おこばえききゅうすいとう》

熊本県人吉市大畑町
明治四十三年（一九一〇）

〈見どころ〉大畑駅の石造り給水塔は駅舎やホームの蓮華形水盤とともに、経済産業省の「近代化産業遺産群」の一つに指定されている❶*。給水塔は駅本屋の北側手前約八〇㍍の所に位置しており、列車からはもちろん、構内の島型ホームからもよく見える位置にある❹*。

石塔の南側に上部にアーチが施された入り口、ホーム側には同じくアーチを持つ明かり窓が穿ってあり内部からホーム側が見通せる❷*。

石材の種類は凝灰岩《ぎょうかいがん》、サイズは幅四〇〇㍉、高さ三〇〇㍉。布積みで、一周に三九個、上部の飾り石も入れて全部で一五段に積んであることから、使用石材数は五〇〇個近い❸*。当時はこの上部に、直径三〇〇㌢程度の鉄製水槽が載せられていた❺（麦島勝氏撮影）。水槽右側に二本の水管があり、駅ホームの機関車給水機用と手水鉢

や構内使用のためのものと思われる。給水塔の重量感と存在感は十分で、石の土台それだけでもＤ５１たちが活躍したＳＬ全盛時代の活躍ぶりを彷彿とさせる。

〈来歴メモ〉駅開業は明治四十二年（一九〇九）十二月二十六日。駅史によれば機関車用給水機と洗面所（手水鉢）はその約七カ月後の明治四十三年七月十日の完成である。開業は矢岳駅より約一カ月遅く、給水塔の使用開始も肥薩線開通から八カ月後のことになる。記録では大正三年六月に大畑駅下り給水機移転工事竣工とあるので、それ以前には上り側ホームのみに給水機があり、下り側にはなかったことがわかる。

往時は米国製の３１００型１Ｃ１タンク機関車、次いで大正三年七月より４１１０型Ｅタンク機関車が人吉庫に配属されており、下りの給水機設置は４１１０型機関車導入の目的の設置であったのかもしれない。

将来的には、石塔上部の給水タンクの復元など、大畑駅周辺施設全体をＳＬ時代に戻して、スイッチバックやＳＬ動輪、追悼碑などとともに「フィールド・レールミュージアム」として残す手立てが欲しい。（松本晋一）

大畑《おこば》駅《えき》の蓮華《れんげ》水盤《すいばん》

熊本県球磨郡人吉市大畑町
明治四十三年（一九一〇）

❶

❷

❸

❹

〈見どころ〉島型ホーム南寄りにある古い蓮華の花弁型の手水鉢❶。蒸気機関車時代には急行停車駅、峠の駅などに常備されていた乗客用洗面・手洗い装置。その大きさと蓮華形の形状に注目。

　現在は中央部の湧出口から自然に水が湧き出ている。手水鉢は直径二〇八㌢、水飲みは八角形の花弁状に造られ、高さは約一〇〇㌢。周囲を正八角形のセメント台で囲っている。受け口の高さは約五二㌢あり、そこに腰をかけてもよいし、またモノも置ける頑丈なセメント造りである❷❹*。この手水鉢の水源は約五㌔北の葛《くず》ノ尾《お》から当時は鉄管を埋設しサイフォンの原理を用いて誘導したという。

　以前はこれを取り囲むように東屋が建てられていたが、現在はその基礎部分のみが残る

❸（麦島勝氏撮影）。

〈来歴メモ〉明治四十二年（一九〇九）十二月二十六日大畑停車場が開業。記録では設置が明治四十三年七月十日となっており、開業六カ月後に設置されたものである。明治四十三年九月二十六日付の九州日日新聞には「大畑停車場の新設備〝九州一の洗面器〟直径三尺余の蓮華形の大水盤を据付け、一里半の南方の葛の尾の淵より約一〇万円を投じて鉄管を敷設したる機関車供給用のタンクより水を引いたもの。このような洗面器は東海道線の御殿場にあるだけで九州線ではここだけである」と記しており、当時、本線筋でも国内で二カ所しか存在しなかったようだ。水源の目的は駅本屋の西側一〇〇㍍の所にある蒸気機関車用の給水塔で、これより分岐してホームまで延長したものである。

　肥薩線開通初期より昭和四十七年（一九七二）三月のディーゼルカー運用開始までの六二年間、給水塔とともに、山線の上り下りの蒸気機関車時代には重要な役割を担っていたが、給水塔と同様、水盤の役割も遠のいた。近年の肥薩線ブームで各駅の旧施設が見直されてきており、給水塔とともに経済産業省認定の近代化遺産となっている。

（松本晉一）

大《お》畑《こば》駅《えき》ループ線《せん》・スイッチバック

熊本県人吉市大畑麓町
明治四十二年（一九〇九）

〈見どころ〉高所の橋梁や長大トンネルの建設が困難であった時代、山間部を貫通する路線には、勾配緩和として有効なループ線やスイッチバック方式が採用された。戦前に建設されたループ線では最も古く、スイッチバック併用という点においては大畑ループ線に及ぶものはない。

大畑ループ線の円周は二・三キロ、交点の高低差は五七・五メートル。人吉から二五パーミルの上り勾配で切り通しを進み、六一キロ距離標を過ぎるとループ線の入り口、横平《よこひら》トンネルに入る。半径四〇〇メートルの左カーブでトンネルを抜けて駅構内に入ると、左に水平を示す勾配標、右に六二キロ距離標を見ながらホームに到着する❷（中村弘之撮影）。再び発車した列車は亘《わたり》線を越え三一一メートルの転向線へ入る❶*❸*❹*。向きを変えると半径二六〇メートル、さらに半径三〇〇メートル

2

の左カーブとなり、六三キロ距離標を過ぎて大谷《おおたに》トンネルを抜けると視界が開け、右手に九州山地、眼下に人吉盆地が見える。さらに六四キロ地点を過ぎて切通の中を進むと今度は大畑駅が眼下に見える。この景色の変化がループ線の醍醐味である。その先には肥薩線最急の三〇・三パーミルの勾配が待ち受けている。

建設当時の新聞には次のような記事がみえる。「人吉―吉松間二〇マイルは矢岳峠という峻嶺あり。三三分の一の急勾配なれば、かのスパイラル式を採用するともなれり。この式は螺旋状を為すものにして、絶頂に達するまで、先ず一回隧道を通過し、更に転回進行してその一回通過したる隧道の上に廻り来り、この上を通過して普通の線路に移るものにして、本邦にては、これをもって嚆矢とし明治三十六年度よりいよいよ着手する計画なり」（『九州日日新聞』明治三十五年六月十日）。あえてスパイラルという英語を使っているのが面白い。日本人が今まで見たことのない近代技術が採用されることへの驚きと称賛が伝わってくる。

〈来歴メモ〉構内には、難工事で命を落とした間組《はざまぐみ》作業員一三名（一名は韓国人）を追悼し称える「鉄道工事中殉難

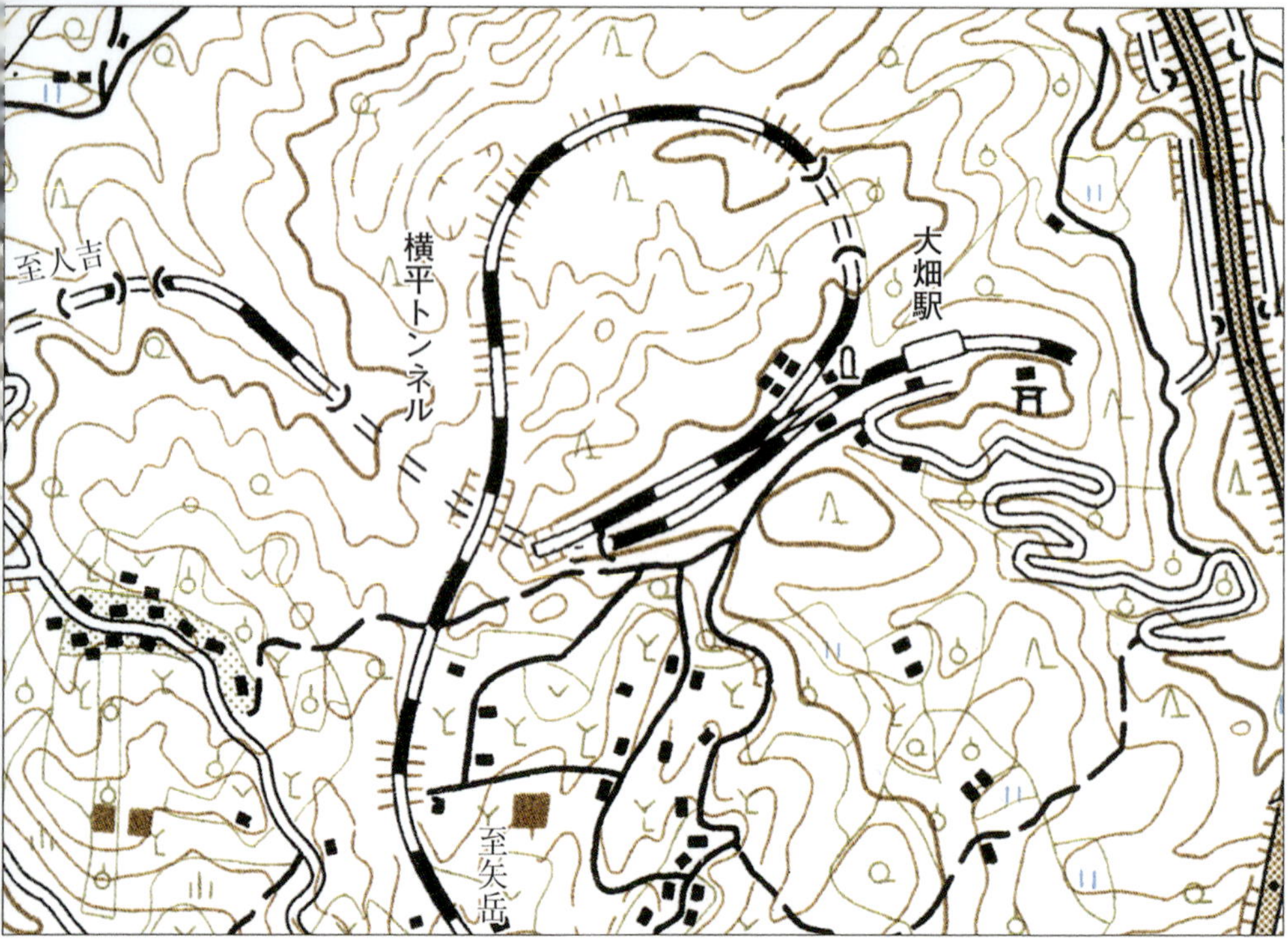
至人吉
横平トンネル
大畑駅
至矢岳

❸

❹

❺

病没者追悼記念碑」が建つ。地面からの高さ約三・三メートル。明治の巨大プロジェクトを語るに十分な堂々とした造りである。先人の努力を顕彰するとともにこれら鉄道遺産を後世に伝えることは現代人の務めである❺*。（溝辺浩司）

矢《や》岳《たけ》駅《えき》

熊本県人吉市矢岳町
明治四十二年（一九〇九）

〈見どころ〉下り列車は、大畑駅のスイッチバックやループを経て急勾配を登ってゆく。雨の日は車輪が空転して登らないこともある。その時には、滑り止めの砂を撒きながら列車を進める。長い列車を牽引していた機関車の時代は、本当に大変であったと思う。ようやく矢岳駅で峠に達する❷*。

　駅舎は、建設当時の姿をよく伝えている。梁間《はりま》四間、桁行《けたゆき》九間半の建物で、南から四間四方の待合室と事務所が並び、一間半の休憩室及び湯沸室が配置される。屋根は切妻造でホーム側と待合室の外側に下屋が廻る❺*。特に待合室❻*は昔の姿をよく残している。出札口❹*や手小荷物受渡口、四・二メートルもある高い天井、そして壁周りに取り付くやや低めの腰掛等である。壁面は漆喰と板張りの簡素な仕上げであるが、カウンターや腰掛板を受ける

持ち送り、方形の天井中央の換気用透しにはデザインが施されている❸。

〈来歴メモ〉矢岳駅は熊本県の最南端、肥薩線中最も高い海抜五三六・九㍍に位置し、戦前には九州の軽井沢とも称された。建設当時の地名は藍田村大字大畑（大川間）であったが、矢岳山（宮崎県）を貫く隧道を矢岳隧道と命名したため、隧道近くに設ける駅名も、矢岳駅と称するようになったという（後、町名も矢岳町となる）。

山間の僻地で利用がないのではないかと心配されていたが、開通すると、運送や木材業者が徐々に集まり、木炭・木材等の積み出しで駅は賑わっていった。保線区詰所や森林測候所の設置、戦後には開拓者の入植があり、昭和三十年代には矢岳町は一六〇戸約七八〇人となった。かつては線路を隔て島式ホームがあり❶*、線路は上下線三本と貨物積み卸し線三本、前の高台には貯木場があった。島式ホームには待合所と二カ所の朝顔鉢噴水があり、駅には計四カ所の噴水があった。しかし、今では小学校も休校となり、乗降客も少ない。

二〇〇六年、映画『北辰斜にさすところ』のロケ地に選ばれた。

（西島眞理子）

39

矢《や》岳《たけ》駅《えき》長《ちょう》官《かん》舎《しゃ》と井《い》戸《ど》

熊本県人吉市矢岳町
明治四十二年（一九〇九）

❹

〈見どころ〉矢岳駅を降りると、前方約一〇〇メートル離れた山麓に集落があり、その高台に建っているのが旧駅長官舎である。

懐かしい思いのする旧官舎は、洋風駅舎と同様に木造平屋建て、切妻造瓦葺きの建物であるが、小屋組や軸組の構法は和風で、外壁は土壁表面に簓子下《ささらこした》見板《みいたば》張りとした和風建築である❶*。屋根瓦と、新設したベランダや台所南面の窓のほかは、明治時代の姿とほぼ変わりない。また、石造の円形井戸❷*は、この地方の溶結凝灰岩の直方体切石を用い、内径一・一メートル、深さ約四・五メートルの規模で築かれ、現在も使用することができる。

建物は、全国的にも残存例が少ない明治期の鉄道官舎建築のひとつとして、また井戸は、僻地に建設された鉄道駅長官舎施設における生活状況を端的に物語る施設として評価され、平成十五年七月一日付で国の登録有形文化財に登録されている。

〈来歴メモ〉旧駅長官舎は、肥薩線開通に伴って建てられ、玄関柱に付けられた六センチ角の建物財産標に「宿舎二号　明治四十二年十一月」と刻まれている。しかし、明治三十九年六月の新聞には官舎建設は進行中と掲載され、この建物はもう少し早く完成したと思われる。町の人によると、この建物は最初に建てられ、全官舎建設の現場事務所も兼ね、便所が二カ所あり、一カ所は現場総監督が使っていたそうである。実際に、座敷の東側に便所跡があり、西側の現便所と同様の小窓も残っている❹*。敷地は、山を背にして、大きな台風に見舞われても、駅の西側に流れる大川間川に大水が出ても安全で、かつ矢岳駅が直視できる地として選ばれた❸*。かつて周辺には二〇戸近い官舎が建っていた。

その後この建物は、昭和五十五年に矢岳町の公民館となり部落の集まりに使用された。平成十四年には個人所有となり屋根や屋内の改修を行い、住居として使われている。

（西島眞理子）

人吉駅
大畑駅
矢岳駅
真幸駅
吉松駅
栗野駅
大隅横川駅
嘉例川駅

D51170号《ごう》蒸《じょう》気《き》機《き》関《かん》車《しゃ》

熊本県人吉市矢岳町
昭和十四年（一九三九）

〈見どころ〉肥薩線で最後まで活躍したD51170号蒸気機関車が矢岳の展示館に展示してある❷*。

黒一色の機関車に、緑地にD51170と輝く番号板がアクセントをつけている❶*。貨物用機関車を象徴する四つの動輪は箱形輪心で、点検用の穴は〝れんこん〟を髣髴させる❹*。これらの動輪は連結棒によって結びつき、さらに主連棒に結合され他の部品も機械的に組み合わされている。足廻りとよばれるこの部品は芸術的な作品といえよう。狭い運転室、複雑な機構❺*❻*に乗務員の苦労が偲ばれる。

山岳路線だけに数多くのトンネルがあり、乗務員はいうに及ばず乗客も煤煙に悩まされていた。昭和二十年代後半に乗務員の作業軽減のため、集煙装置と重油併燃装置を装備。煙突の部分には集煙装置、ドームの後には重

4

2

3

6

5

油タンクを設置したことがこの機関車の特徴である❸*。

かつて他の地区の山岳路線の機関車にも装備されていたが、現存するのはこの機関車のみである。

〈来歴メモ〉このD51170号機は昭和十四年（一九三九）三月、日本車両熱田工場で製造され、静岡、鳥栖の各機関区を経て、昭和二十年（一九四五）十一月に人吉機関区に配置され、人吉－吉松間の「矢岳越え」に活躍した。昭和四十七年（一九七二）三月、人吉－吉松間DL化による蒸気機関車廃止まで実に二七年間にわたり活躍した。その後開催された「さよならD51」お別れ列車の先頭に立った名誉ある機関車である。

人吉市では教育的な価値と観光資源の一つとして保存展示する方針で、当時の国鉄に払い下げの陳情を行い、OBおよび有志の努力によって貸与されることとなった。市は矢岳駅構内の広場に鉄骨スレート葺きの展示館を新設。OBや有志のこまめな手入れ、清掃のお陰で機関車は美しく磨き上げられ、観光列車「いさぶろう号」「しんぺい号」の見学コースとなっている。平成十九年（二〇〇七）には経済産業省のJR肥薩線鉄道遺産群の一つに認定された。

（福井弘）

41

矢岳《やたけ》第一《だいいち》トンネル

明治四十二年（一九〇九）

〈見どころ〉坑門は、アーチの両脇に二本の柱形が並び、壁面の上部にはパラペット（胸壁）が付くなど建築的な装飾を用いたデザインである❶*。煉瓦や石材を使い肥薩線の他の隧道も同様であるが、この坑門は特に重厚な意匠で、アーチを囲む迫石《せまりいし》❹*は外側に先を尖らせて華やかな印象であり、パラペットには扁額が付く。

矢岳口には、着工時の逓信大臣山縣伊三郎揮毫「天険若夷　明治四十年五月」❷*（天険も隧道開通により岡のように越えられる）、真幸口は、明治四十二年完成時の鉄道院総裁後藤新平揮毫「引重致遠　明治乙酉夏七月題」（隧道開通により重いものも遠くへ運搬できる）。桂総理大臣の開通祝賀の詞「北ハ釧路ヨリ南ハ鹿児島ニ至ル縦貫線ノ大成スルノ関鍵」であることをこの扁額が物語る。

〈来歴メモ〉矢岳隧道は当時我が国有数の長い隧道（二一〇

九六メートル）で、真幸側へ下り片勾配となる。しかも凝灰岩質のため含水量が多く、常に湧水に悩まされ困難を極めた工事であった。施工計画には、工事の遅速は鹿児島線開通時期を左右するとし、工期短縮のために工法や機械力・電気力の必要性が述べられている。内容は、隧道本体以外に作業坑を掘削して、材料搬入や掘削岩片搬出の効率を上げ、また長い坑内への新鮮な空気の送風と煤煙排出のため空気圧搾機や排水ポンプ等の導入であった。そのため電気が必要であり水力発電所設置を計画した。

明治三十九年九月、真幸側からの掘削と水力発電所の水路工事着手。矢岳側は本格的には翌年六月に着工。九月には発電所も完成し、電気排水ポンプを使えるようになったが、後も大水脈に遭遇し困難を極めた。ようやく明治四十二年五月に隧道が貫通した❸（「日本国有鉄道百年写真史」より）。機械や道具類は、鹿児島駅から吉松駅まで輸送し、真幸村から矢岳まで軌道を敷設し馬車トロッコを使用。材料の煉瓦は軌道起点から約六キロ離れたところで製造、石材は付近の山、砂・砂利は真幸川、木材も付近の官林等多くは近辺で調達した。（西島眞理子）

矢《や》岳《たけ》駅《えき》給《きゅう》水《すい》塔《とう》

熊本県人吉市矢岳町
明治四十二年（一九〇九）

❸

❹

❺

〈見どころ〉給水用石塔（給水塔）は、改札口から北東方向約一五〇メートル離れた奥の山付きにある。平成二十年夏に人吉鉄道案内人のメンバーがこのタンク跡の存在を確認、竹藪を切り開き見通しが良くなった❷。

石塔は正面駅側に入り口、反対側に窓がある❶*❸*。ともに上端のアーチ状装飾はなく切り口は直角である。石材の種類や組み方は大畑駅のものと同じく凝灰岩の布積《ぬのづ》み。石の大きさも大畑駅と同じ幅四〇〇ミリ、高さ三〇〇ミリ❹*。石積みは一六段で二段ほど高い。最上段飾り石の右側には脱落がみられる。高さも入り口左最深点から四七四九ミリで大畑駅より三五〇ミリ前後高い。また内径は三七六〇ミリ、外径は四七二〇ミリで大畑より八四〇ミリ前後大きい。外側に水管のステイ跡がみられる❺*。

〈来歴メモ〉この給水塔は恐らく明治四十二年十一月二十一日の開業時には完成していたと思われる。その規模は大畑駅よりひと回り大きい。上部に載せられていた水槽もより大きいものと想像される。当時の記録には給水タンク容積八五〇〇ガロン、揚水方法は水道、給水方法はクレーインと記述がある。当時の3100型機関車の水タンク容量は七・二立方メートル（一八九〇ガロン）であることから機関車一台の約四、五倍、即ち一度に機関車約四台分以上の水を賄う容量を有した。

標高五三六メートルの矢岳駅は標高二二四メートルの吉松駅から二五パーミル、標高二九四メートルの大畑駅からは三〇・三パーミルの上り急勾配で、両方向の汽車が停車するため給水量はより大きいものが必要であったと考えられる。

肥薩線最高地点の矢岳駅にまず給水塔を設置、補助的に人吉から上り勾配の最初である大畑駅の両方に給水塔を備えたものであろう。水源は駅正面の山つきから水道を引き、このタンクから大畑駅同様、SL時代にあった1番と2、3番ホーム（撤去）の四基の蓮華型水盤にも給水していたと思われる。

（松本晋一）

❶

真《ま》幸《さき》駅《えき》・スイッチバック

宮崎県えびの市大字内堅西内堅
明治四十四年（一九一一）

〈見どころ〉矢岳トンネルを越え〝日本三大車窓美〟を堪能した後、列車は二回目のスイッチバックに入る❺。吉松までは二五パーミルの急勾配であり、それを緩和するためのスイッチバックが必要で、その中に設けられたのが真幸駅である。宮崎県で最初に設置された駅でもある❶*❹*。

開業は明治四十四年（一九一一）五月十一日。駅舎は標高三八〇メートルの斜面に東向きに建ち、瓦葺き切妻屋根の木造平屋建で梁間《はりま》四間、桁行《けたゆき》八・五間。正面右半分を待合室、左半分を事務室や宿直室に充て、事務室からホームへ向け見張りのための突出部がある。待合室は中央に方形の換気口を持つ棹縁《さおぶち》天井で❸*、事務室と反対側に明治の意匠を持つベンチを設けている。窓口を撤去し、下屋をトタン葺きにするなど改築されているものの、漆喰《しっくい》と下見板張を併用した壁、待合室からホームにかけてめ

人吉駅
大畑駅
矢岳駅
真幸駅
吉松駅
栗野駅
大隅横川駅
嘉例川駅

ぐらされた下屋、太い柱など、肥薩線の古い駅舎群に共通する様式を維持しており、開業当時の便所、職員詰所（大正十四年築）とともにレトロな雰囲気を醸している❷*。昭和四十七年七月六日、三〇万立方㍍もの土砂が流出、駅や線路の半分を埋め尽くす大惨事の後は次第に利用者も少なくなり、昭和六十一年に無人化された。

〈来歴メモ〉明治四十一年八月から始まった吉松－矢岳間の工事は、宮崎県最西端の山裾を縫うように進められた。京町《きょうまち》にはセメント工場が、風戸《かざと》には煉瓦工場が建てられた。トロッコが行けない所は馬の背で現場に運ばれたが、これらの「駄賃《だちん》取り」は現金収入の良い仕事であった。楢木範行氏（昭和十二年没）は当時の様子をこう語っている。「……そのころはかれこれ銭取りがよかったので景気が良かった。……開通祝いは盛んなもので、子供心にヒヤナギ（花火）が矢岳トンネルの入り口で上がったのを覚えている」

　肥薩線開通は山里の人々にとって〝近代化〟の到来を告げる事件であり、そのシンボルとして明治の駅舎とスイッチバックは貴重な遺産である。

（溝辺浩司）

❶

❷

人吉駅
大畑駅
矢岳駅
真幸駅
吉松駅
栗野駅
大隅横川駅
嘉例川駅

山神《やまがみ》第一《だいいち》・第二《だいに》トンネルと復員《ふくいん》軍人《ぐんじん》殉難《じゅんなん》慰霊碑《いれいひ》

宮崎県えびの市大字内竪山の神
明治四十二年（一九〇九）

〈見どころ〉第一（一六九㍍）および第二山神トンネル（六一七・六㍍）は、玄武岩による石造トンネルで、内壁の上部には煉瓦が使用されている❶*❷*。坑門の形は馬《ば》蹄《てい》形で、丸く加工した迫石《せまりいし》を積むアーチの頂部には要石《かなめいし》をはめている。壁柱を両側に配し最上部に笠石・帯石を積むなど典型的な明治の意匠であり、肥薩線の他のトンネル同様、質実剛健さを感じさせる❸*。

二つのトンネルの中間には、地名の由来となった天明四年（一七八四）創建の「白川山ン神」が鎮座し、狩猟や鉱山、鉄道工事の守護神として崇められてきた❼*❽*。

さて、人吉方面から第二山神トンネルに入ろうとする旅行者は、左手に「復員軍人殉難碑」という看板を見ることになる❺*。鉄道史に残る惨事を示すものだ。

昭和二十年八月二十二日、復員兵で超満員の列車がト

ンネル内で立ち往生した。たちまち黒煙や蒸気が充満し、たまりかねた兵士達は列車から飛び降りレールの上を走り出した。両側から掘られたトンネル中央はくの字に曲がり光が入らず暗黒の世界。汽車は突然バックし始め、車輪に轢《ひ》かれ、あるいは引きずられ五六名もの兵士が帰らぬ人となった。出身県は北海道から九州まで二七都道府県にも及ぶ。

〈来歴メモ〉慰霊祭は現在でも行われている。遺族が高齢のため、五〇回忌（平成七年）を期に四キロ離れた京町《きょうまち》の真幸寺《しんこうじ》で行うようになったが、その前日には遺体を葬った元婦人会・元青年団員の数名による現場での供養が行われている。その中の一人、堤内松秋さん（大正十二年生まれ）は「丸一日かかって死体ば運んで一二〇坪の林の中に並べました。世の中にこげんことがあるかと思うぐらい惨いもんです。それからお参りは欠かしてません」と語った。堤内さん達は慰霊碑の建立とともに❻*、事故の教訓を忘れないよう、列車から見える場所に目印の看板を立てた❺*。

　華やかな近代化の陰にこうした〝負の遺産〟があることを忘れてはならない。

（溝辺浩司）

真幸《まさき》鉄《てつ》山《ざん》

宮崎県えびの市大字内竪一帯
安政四年（一八五七）

〈見どころ〉真幸駅の裏山一帯に鉄鉱石の鉱脈があり、幕末には薩摩藩の溶鉱炉へ、明治時代には八幡《やはた》製鉄所へ盛んに輸送していた。

真幸鉄山は安政三年（一八五六）に猟師の祐右衛門《すけえもん》によって発見され、翌年には薩摩藩により採掘が始まったといわれる。真幸の鉄鉱石は集成館での銃砲、軍艦等の製造に利用され「頗《すこぶ》ル良銑《てつ》ヲ製シ得テ、反射竈ニ溶シ、鋳砲ノ料ニ供スルニ至レリ、其銑質洋品ニ異ナラズ」と高い評価を得た。その後、藩主斉彬《なりあきら》の死により中断。明治二十九年（一八九六）に鹿児島の林次郎左衛門が再開、明治三十四年に操業した八幡製鉄所へ輸送を始めたが、期待した鉄道開通が延期、それに爆発事故が追い打ちをかけ倒産。代わって大阪の芝川《しばかわ》商会が開通した鉄道を利用し年間一万トンの鉄鉱石を八幡へ送ったが、同商会も明治末には倒産した。

その後も周辺地域で露天掘《ろてんぼ》りや、昭和に入ると坑道掘《こうどうぼ》りが行われ、戦時中は軍需省の指定鉱山として月産五〇〇トンが小倉製鋼所へ送られた。昭和二十二年まで採掘が続いたといわれている。鉄山の町は活気に溢れ、坑夫の住宅のほか、遊郭まであったが、六〇年の歳月はいとも簡単に元の森へと戻してしまった。

近年の調査で五カ所の坑口と木馬《きんま》道跡、タービンを回すための水路に祀った水神、製品である花立・大黒様三体、食器等が見つかっている❻❼。

〈来歴メモ〉駅から一・五キロ西の「西の野」に鉄山跡がある❺。車道から一五分ほど竹林をかき分けると、木馬道や石垣のある作業小屋跡が見え、斜面に坑口がぽっかり空いている❹*。直径一メートルほどの露天掘りの穴で、傍に鉄鉱石が散乱している❸*。木馬道は赤迫、馬頭《ばとう》観音社を経て発船場である川内川のアカバナ淵まで約三キロの谷筋の道である❶*❷*。船は栗野《くりの》、加治木《かじき》を経て鹿児島へ運ばれた。

真幸鉄山は幕末から近代化達成までの日本の製鉄業を支えた鉄山として貴重な遺産であり、今後の学術調査の成果が待たれる。

（溝辺浩司）

吉《よし》松《まつ》駅《えき》と記《き》念《ねん》碑《ひ》群《ぐん》

❶ 吉松駅危険品庫1号　明治三十六年（一九〇三）
開通記念碑　明治四十二年（一九〇九）
跨線橋鋳鉄柱　明治四十五年（一九一二）
❷ 川内川橋梁　明治三十六年（一九〇三）

4

5

〈見どころ〉吉松駅は往時鹿児島線、日豊本線の二大幹線の分岐点として、機関区もあるなど最大時で六〇〇人を超える従業員が働いていた。現在その面影をたどることは難しいが、近代化産業遺産に認定された危険品庫はじめいくつかの記念碑が面影をとどめている。

危険品庫一号は明治三十六年（一九〇三）に栗野－吉松間が開通した当時に作られた駅施設のひとつである❹。鹿児島側に遺る石造遺産は数多いが、鉄道施設に関連したものとしては、現存最古級のものに数えられる。またこの危険品庫からは駅を挟んで反対側にある開通記念碑は、明治四十二年（一九〇九）の八代－鹿児島間鉄道全通を記念して建てられたもので、上部につけられた旧工部省マークが官設鉄道であることを誇らしげに物語っている❺*。このほかにも、周囲には48674号蒸気機関車の動輪や「鉄道院」の刻印があるかつての跨線橋の鋳《ちゅう》鉄《てつ》柱が安置され、吉松の町が鉄道で栄えたことを示すモニュメントとなっている❶*。国鉄民営化以降、駅前は鉄道公園として整備が進み近年SL記念館も完成した。

〈来歴メモ〉鹿児島県における官設鉄道・肥薩線の着工順番は、南側から順次着工、開通するという経緯をたどった。このうち栗野－吉松間の工事を請け負ったのは後に大畑のループ線を担当することになる間猛馬《はざまたけま》であった。

間猛馬率いる間組は明治二十二年（一八八九）に北九州門司の地で創業し、主に九州の鉄道土木を中心に請負を行っていた企業で、現在はゼネコン準大手にまで成長を遂げている。この工事区を受注することは、事業拡張に向け人員を多く雇っていた当時の間組のステップアップの場所として「重要な課題」と位置づけられていたようだ。大隅横川から王の山トンネルを抜け❸、川内川橋梁を架設❷。更に当時難所といわれた吉松越えの峠に隈船《くまぶね》トンネルを掘削し貫通させた。この工事の采配をふるったのは、当時間組配下で後に西松建設を創業する西松光治郎。この地の工事には、結果的に二つのゼネコンが深く関わることとなった。

（市原猛志）

C55 52号《ごう》蒸《じょう》気《き》機《き》関《かん》車《しゃ》

昭和十二年（一九三七）

〈見どころ〉吉松駅前に遺されている機関車は、かつて肥薩線の鹿児島県側や吉都線を快走したC５５５２号である。現在日本に四両しかないこの機関車の一番の特徴は、ボイラーの両側に付けられた「門デフ」、「小工式デフ」と呼ばれるデフレクター（除煙板）であろう❶*。

デフレクターとは、車両前方部分に伸びたボイラーの左右両側に、ちょうど煙突を挟むように設置される板のことで、車両走行の際に発生する煙を上に逃がすことで前方視界を確保するためにつけられたものである❹*。

ただし、板を付けることによって前方下部分のバイパス弁点検などがやりにくいという問題が発生した。これを改善するために国鉄小倉工場で編み出されたのが、デフレクターの下半分を切り取り、ポールで固定するという変形版で、門司鉄道管理局式デフレクター（門デフ）

❺

❻

4

とか小倉工場式デフレクター（小工式デフ）と呼ばれ、蒸気機関車ファンの間では愛好者が多い。同時に作られたC5550号機関車（旭川機関区に配属後、現在は小樽市総合博物館で静態保存）と比較すると、正面部分に取り付けられている板の違いがよくわかる❺❻。

〈来歴メモ〉C55型機関車はC51型の後継機種として昭和十年代に製造を開始。その活躍の場は当時国鉄が持っていた路線に広く用いられ、北は北海道から南は台湾に及んだ。この52号機は、当初小郡《おごおり》機関区（山口）に配属された後、糸崎、鳥栖《とす》、大分、宮崎の各機関区で客車を牽いていた❷*。昭和四十三年からは若松機関区の配属となり、ちょうど終焉を迎えようとしている筑豊炭田をその所属期間に見届ける格好となった。

最後の奉公の地がこの肥薩線で、昭和四十七年（一九七二）に吉松機関区に移ると、吉松－西鹿児島（現鹿児島中央）や吉松－都城間で多くの人々を運び続けた❸。鹿児島機関区で使用休止指定を受けその役割を終えたのは、昭和五十年のことである。翌年には露天掘りを含めた筑豊炭田のすべての炭鉱が閉山、まさに筑豊炭田と肥薩線との架け橋といえるSLといえよう。

（市原猛志）

栗《くり》野《の》駅《えき》

鹿児島県姶良郡湧水町
明治三十六年（一九〇三）

❶

❷

〈見どころ〉現在の駅舎は昭和四十年（一九六五）建設のもので、鉄筋コンクリートの平屋建、広さは二八五平方メートルである。

古いホーム上家としては、現在の2、3番線ホームの北側に一部が残っている。この上家は、昭和二十六年（一九五一）十月十四日のルース台風によって倒壊したものを復旧した際のもので、昭和二十七年（一九五二）三月三十一日に完成している。古レールを利用した支柱が特徴である。

また、そのすぐ横には古い枕木を支柱にした鐘が設置されている。もともとは駅本屋横にあったもので、この鐘を知る駅員の証言によると、貨物列車の入れ替えや荷降ろしの打ち合わせをする時に、駅員の動員の合図として鳴らされていたものという。このほかにも駅本屋から2番ホームへ、線路を横切る形で荷を運ぶための道が設けられていて、現在もわずかながらその跡を確認することができる❶*❷*。

〈来歴メモ〉栗野駅は、明治三十六年（一九〇三）九月五日に鹿児島線の駅として開業した。既に鹿児島側の駅は明治三十四年（一九〇一）に国分駅（現在の隼人駅）までが開業しており、栗野駅は国分－吉松間の開通を受けて誕生したことになる。その後山野線が大正十年（一九二一）に山野東線として営業を開始し、栗野駅は分岐点としての重要な役割も担うことになる。「栗野町郷土誌」によると、昭和二年（一九二七）の営業実績は、駅員一五名で年間の乗車人員一〇万五三九二人、下車人員一〇万七〇六二人。主な発送貨物としては坑木が二三三四トン、材木が一一九七トン、米が七八五トン。坑木や材木の発送が多いことが栗野駅の発展に大きく影響しており、現在のホームより東側にも引き込み線が敷かれ、大量の木材はここから貨物列車に積み込まれていた。こうした構内線路は、大正三年（一九一四）の日独戦争において軍馬輸送のために敷設されたもので、時代とともに延長または増設されていった。

（東川隆太郎）

栗野《くりの》駅《えき》周辺《しゅうへん》の煉瓦《れんが》暗渠《あんきょ》群《ぐん》

鹿児島県姶良郡湧水町
明治三十六年（一九〇三）

〈見どころ〉湧水町では、その名前の通り、町内各地で霧島連山を源とする豊富な湧水を見ることができる。また周辺の山々から川内川へと流れ込む支流も多い。そのため線路は川や水路を跨ぎ、開業当時の趣を伝える暗渠が現役で数多く残る。現在湧水町内だけでも一四カ所の暗渠が確認されている。

丸池湧水暗渠　豊富な湧水が栗野駅東側に位置する丸池から駅西側の市街地へ流れている。栗野駅は肥薩線と山野線の分岐点であり、貨物のための引き込み線が多いといった事情などからも、必然的に暗渠の距離も、直線で六七・四㍍と長いものになった。また、この暗渠の特徴は長さだけでなく、アーチリングの美しさにもある。径間は〇・九二㍍、煉瓦四重巻きで、半円二連が併設されている。側壁には凝灰岩の切石が用いられている。上流

側と反対の下流側の両方で確認することができる❶*❷*❸*。

竹下川暗渠　肥薩線が竹下川を跨ぐように敷設されたため、この暗渠が建造されることになった。竹下川周辺には美しい田園が広がっている。そのことから理解できるように付近は地盤高が低く、肥薩線の軌道は高く盛られた人工盛土に延びている。確かに軌道踏切に立つと眺めがいい。暗渠の長さは、三〇・七㍍で、アーチリングは径間約四・五㍍、煉瓦五重巻きの半円である。側壁には凝灰岩の切石を用いている❹。

第一会田川暗渠　この暗渠は、会田川の流量を考慮して背を高くしているのが特徴といえよう。暗渠の長さは二九・三五㍍で、アーチリングの径間は二・四五㍍、煉瓦四重巻きの半円をしている。側面の切石には凝灰岩を用いている❺。

〈来歴メモ〉一連の暗渠群は建造時期が明治三十六年（一九〇三）で、工事関係者も同じ請負者による。切石と煉瓦が組み合わされて造られているが、その供給先や規模などは不明である。近年まであまり注目されてこなかった遺産群であるが、研究者や自治体の尽力により活用や情報発信への道筋が整いつつある。

（東川隆太郎）

❶

50

山《やま》野《の》線《せん》跡《あと》

昭和十二年（一九三七）

〈見どころ〉山野線は栗野駅から北西に分岐し、水俣駅まで続いていた駅数一六の路線である。伊佐米で有名な田園地帯を横切り、鹿児島・熊本両県の間に横たわる山地を越えた。

栗野駅を発し、稲葉崎駅跡付近から湯之尾駅跡にかけては線路跡がサイクリングロードとなっており、たどりやすい❶❷。公園化され、山野線で活躍した車両が保存されている。大口駅からはさらに宮之城線が分岐。かつての駅前に建つバスターミナルに、北薩の交通の要所を感じる。薩摩布計《さつまふけ》駅は鹿児島県最北、最高地にあった駅❺。明治三十五年（一九〇二）に開かれた布計金山を支え、麓の山野駅❸❹、西山野駅周辺も大いに栄えた。

鹿児島県と熊本県の結び目には「大川ループ」があった。肥薩線の大畑ループに次いで建設され、走行限界ぎ

りぎりの坂道と曲線を描いていた。熊本県側に入り最初の駅である久木野駅跡地は「久木野ふるさとセンター愛林館」が建ち人々が集う場所となっているとともに、車掌車や信号機なども残る。このの ち水俣駅付近に至る廃線跡は約一三キロに渡り「日本一長い運動場」として整備されている。

〈来歴メモ〉肥薩線と同じく山野線も部分開業が熊本・鹿児島両県側から始まり、栗野駅側からは大正十年（一九二一）に「山野軽便鉄道」として、山野駅との間の一三・四キロでの営業が開始され、昭和十二年（一九三七）十二月十二日の薩摩布計と久木野間の開通によって完成した。

太平洋戦争中、伊佐地方は疎開地とされ、山野線や肥薩線を利用した学童疎開のための列車が走った。肥薩線とのつながりとしては、昭和三十七年に全線ディーゼル化が実現し、準急行列車「からくに」が出水と宮崎間で運転を開始している。

全線で栗野駅から水俣駅までの五五・七キロを結んだが、昭和六十三年一月三十一日に廃止された。（東川隆太郎）

❶

51

大隅《おおすみ》横川《よこがわ》駅《えき》と横川《よこがわ》周辺《しゅうへん》の街《まち》なみ

大隅横川駅　鹿児島県霧島市横川町中ノ三九－一　明治三十六年（一九〇三）
横川の街並み（池田家住宅）　鹿児島県霧島市横川町中ノ一一一－一　明治末期（国登録有形文化財）

〈見どころ〉「肥薩線最古の駅」という名称では、嘉例川駅が有名となっているが、こちらの駅も同日に開業しており、古さでは変わらない。それなのに嘉例川《かれいがわ》駅の方に多くの観光客が訪れるのは何故だろうか❶*。

洋風と和風との相克、融合　建物の形式および内部構成の点で両駅は酷似しており、当時建物に統一した規格を用いられたことが想定される。瓦屋根ではあるものの、全体の仕上げは下見板張《したみいた》（アメリカ下見）となっており、鉄道というシステムが外来のものだということを印象づける。しかし窓の庇《ひさし》やベンチ部分に施された雲形の持ち送り、玄関部分の漆喰《しっくい》仕上げなど、所々に和風の要素が取り入れられているところに、明治の人間の西洋に負けないという強い気概を感じ取ることが出来よう❺*。

このような駅にも戦争の影は色濃く遺され、アメリカ

軍の機銃掃射による柱の穴は、六〇年を隔てた今も私たちに考えさせるものがある❸。

嘉例川駅との相違　嘉例川駅と異なる部分としては、待合室の面積とその奥行きの広さである。嘉例川では事務室と待合室との面積比が六対四ほどとなっているが、こちらはほぼ半々である❷。このことから、大隅横川駅が旅客の利用が多く見込まれた駅であることが分かる。確かに市街地は発達しており、秘境駅といった雰囲気は見られない。ここが人気の差ではないだろうか。

〈来歴メモ〉横川町は中世より薩摩藩内の交通の要所で、明治期には鹿児島から大口方面とえびの方面とを結ぶ県道の分岐点として多くの人々でにぎわった。周辺には牧園方面へ続く旧県道上にある片白《かたしろ》橋（明治二十四年竣工）のほか、往時の隆盛を伝える洋風建築がいくつか現存している。中でも最も目立つ建築が、擬洋風《ぎようふう》の池田家住宅だ。かつて商店だったこの建物は、一階が和風、二階が洋風という、九州ではかなり珍しい形態を持っている❹。堂々とした風格は、かつての駅と街のにぎわいを伝えている。横川の街並みは、駅を中心として「懐かしい日本の田舎」を想起させる魅力がある。

（市原猛志）

❶

人吉駅
大畑駅
矢岳駅
真幸駅
吉松駅
栗野駅
大隅横川駅
嘉例川駅

嘉《か》例《れい》川《がわ》駅《えき》

鹿児島県霧島市隼人町
明治三十六年（一九〇三）

〈見どころ〉山間の集落に落ち着きを与えている駅本屋は、明治三十六年（一九〇三）の開業当時のもの。正面から左側が駅事務所と宿直室で、右側が待合所になっている❷*。幅は、駅事務所および宿直室が一〇メートル、待合所が五・四五メートルで、倍ほどの違いがある。建物の外壁は下見板（アメリカ下見）で、内壁は漆喰である。待合所にあるベンチの支え板の雲形の装飾、天井の方形の換気口など、所々に美しい意匠が見られる。ホーム側には見張りも兼ねたガラス戸のタブレット室が突出している❸*❹*❺*。

現在は駅本屋側のホームしか利用されていないが❶*、かつては向かいのホーム以外にも引き込み線が二本あった。駅周辺は木材の産地で、引き込み線は製材所に延びていた。その製材所は、現在地区公民館の建物がある場所にあり、引き込み線の一部をその脇で確認できる。

また、嘉例川駅は鹿児島空港から近い位置にある。現空港は、戦時中海軍航空隊の第二国分基地として特攻機などが飛び立つ場所であったため、駅には基地へと運ぶ武器や資材が集積し、空港までは索道を利用して運ばれていた。戦前に本駅に勤務した方の証言によると、索道の発着所は、駅本屋のすぐ横のホームにあったという。また、現在駅前公園になっている場所には、嘉例川駅に勤務する職員の宿舎が並んでいた。

〈来歴メモ〉明治三十六年一月十五日に鹿児島線の駅として開業。この年の九月に国分（現隼人駅）－吉松間が開通している。周辺にある高屋山陵への参拝と、山ノ湯温泉への湯治客が多くを占め、また貨物利用による発送数量は、昭和五年（一九三〇）の記録によると、木材が一〇七一トンと最も多く、木炭や薪が続いた。

地域の産業とともに歩み、地域住民から静かに愛され続けてきた駅舎は、築一〇〇年が意識される時期から再び脚光を浴び始め、平成十六年（二〇〇四）の九州新幹線開業に合わせて、特急列車「はやとの風」が停車することになった。肥薩線開業当時の雰囲気を伝える駅舎として、人気を集めている。

（東川隆太郎）

【コラム】湯前線一武駅の通票ポイント　肥薩線の人吉から湯前までの二四・八キロが国鉄湯前線（現くまがわ鉄道）として開通したのは大正十三年（一九二四）三月三十日。途中駅は肥後西村、一武、免田、多良木の4駅だった。球磨地方の豊富な木材や農産物、焼酎、日用生活品など貨物輸送に大きい役割を果たした。

入り込み小荷物の一例は新聞。多良木町で販売店を営む小出忠紹さんは、毎朝多良木駅ホームで下り始発列車を待ち受け、リヤカーに積み換えて運んでいたという。昭和四十年代に入ると、鉄道はライバルのトラックに物流主役の座を明け渡す。新聞も販売店に直接配送され、受け取りに出向く苦労はなくなった。

昭和六十二年（一九八七）三月三十一日、国鉄は一一五年の歴史に幕を閉じ、翌四月一日から分割民営化され九州旅客鉄道（JR九州）などが誕生。湯前線は第三セクターのくまがわ鉄道として新たなスタートを切った。現在は人吉、湯前を含む一三駅で、ディーゼルカーによる旅客輸送を行っている。特に沿線の高校に通う生徒たちの貴重な足として欠かせない存在だ。

湯前線一武には珍しい「通票ポイント」があった。貨物列車の入れ替え時に使うポイントで、駅の構内掛が機関士から通票を受け取り、転轍機の横にあるボックスにそれをセットしなければ線路の切り替えができない仕組み。もちろん入れ替えが済めば通票は機関士に戻し、列車の運行は続けられた。この通票ポイント、一武以外では湯前線はもとより、肥薩、鹿児島、豊肥、三角線など、少なくとも熊本県内の国鉄線には例がなかった。なぜ、ここだけにこんなポイントが設置され

たのか、今となってはなぞだが、周囲からのいたずら防止などを目的としたと考えられる❶❷。
同線は延長して宮崎県側の妻線と結ぶ計画もあったとされる。結局、湯前駅は行き止まりのままで現在に至るが、蒸気機関車（SL）牽引時代は同駅に機関車の向きを変える転車台がないため、片道は機関車の逆向き走行を余儀なくされた。三角線なども同様だ。
鉄道が小荷物輸送を担っていた時代は、駅本屋と離れたホームに降ろされた荷物を、線路を横切る「渡線車」で運搬していた。湯前線では免田、多良木などのホームの一角に大きい切り込みがあって、普段はそこに格納されていた。上は鉄板で覆われていた❸。残っていれば当時の鉄道輸送の一端を知る貴重な遺産だろうが、これも痕跡すらない。（山口雅宏、中村弘之）

給水（麦島勝氏撮影、昭和 30

第３章

肥薩線を《知る》

肥薩線の歴史──開通一〇〇年小史

現在の肥薩線は、開通・開業時の路線名称ではない。当時は「官設鉄道鹿児島線」と言われており、後に、「九州線人吉本線・鹿児島本線・肥薩線」と改称される。

当初、肥薩線と呼ばれたのは、八代を起点に水俣－川内間。のちに鹿児島まで至る肥薩海岸線のことである。昭和二年（一九二七）十月十七日、八代－鹿児島間が開通したことで、以後、この線路が「鹿児島本線」と呼称される。

そして、従来の鹿児島本線であった八代－人吉－吉松－鹿児島間が「肥薩線」と改称された。肥薩線にはそのような前史がある。ここでは百年前の肥薩鉄道敷設運動、建設工事、開通、開業そして今日に至るまでを、当時の公文書、新聞などを参考にして、振り返ってみたい。

鉄道敷設の運動開始

明治二十年（一八八七）春、鹿児島県人による新聞投書を受けて、同年八月、熊本県人吉町の有志者十数名が人吉広路小学校に集まり、鉄道敷設について協議を行い、翌春、鹿児島県吉田から熊本県八代間の実地踏査を行う。

明治二十三年（一八九〇）、熊本県議会では鉄道敷設の請願を採択し、富岡敬明知事名によって請願することを決議した。これと前後して、鹿児島・宮崎・熊本三県の代議士らが、請願活動を積極的に展開する。

「鉄道敷設法」の公布

明治二十五年（一八九二）六月二十一日、法律第四号「鉄道敷設法」が公布されたが、これには肥薩鉄道敷設は含まれていない。翌五月、第五回日本帝国議会衆議院委員会議において、軍事上の必要から、「八代－鹿児島間を官設」で鉄道敷設することが議決された。

しかし、熊本県八代以南の線路を、どこの町村を通し、鹿児島までつなぐかが大きな政治問題となった。そこで、明治政府は帝国陸軍参謀本部陸地測量部の協力を得て、逓信省鉄道局による予定線の測量調査を行わせる。これらの調査を踏まえて、『工区工費工事期限一覧表』が作成され、以下の三つの線路案が答申された。

①「鹿児島線」松橋－八代－人吉－加治木－鹿児島まで一六六・四キロ、最大勾配三三パーミル、建設費八六七万円
②「西目海岸線」松橋－佐敷－阿久根－向田－伊集院－鹿児島まで一七七・六キロ、最大勾配二五パーミル、建設費八九五万円
③「西目中央線」松橋－佐敷－国見岳－向田－厚地－鹿児島まで一六二・九キロ、最大勾配二五パーミル、建設費七二六万円

三案の中で、勾配が最も急で、建設費が高くつく①「鹿児島線」を主張したのは熊本県球磨郡、宮崎県諸縣郡、鹿児島県伊佐郡の沿線関係者であった。球磨郡では渋谷礼・米良以平・樅木義道らが中心となり、誘致運動に奔走している。中でも、渋谷は自ら先頭に立ち、政財界・軍部の有力者に面会を求め、その理由を説いて回った。

事実、鹿児島線、西目の海岸線・中央線は、互いに熾烈な誘致合戦を展開、世間からも注目を浴びていた。そのような中で、渋谷は海岸線沿いの鉄道敷設に危惧を抱く参謀本部の寺内正毅大将を説得し、支持を取り付けた。それが効を奏し、軍部の意向で①「鹿児島線」に決定された。

第一期工事線に「鹿児島線」編入

明治二十七年（一八九四）、第六回日本帝国議会衆議院委員会議において「鉄道敷設法」の一部が改正され、九州縦貫線として重要な部分を占める「熊本県下宇土ヨリ八代ヲ経テ鹿児島ニ至ル」「鹿児島線」を『鉄道敷設法』第七条に追加し、今後十二年以内に敷設する「第一期工事線」に編入することが議決される。

しかし、熊本県宇土－八代間については、すでに九州鉄道株式会社に敷設を許可していた。そのため、八代から人吉を経て鹿児島まで至る「鹿児島線」を、明治政府自ら官設で施工することになる。

鹿児島線は、隧道六〇、橋梁八九、四〇分の一の急勾配およびループ線とスイッチバックの使用など、幾多の困難を伴うものであった。明治三十年（一八九七）から六カ年計画で、予算八二二万四八九二円が計上された。

そして、明治三十年九月から、八代、鹿児島の両側から実測に着手し、引き続き工事を起こす予定であった。しかし、財政問題もあり、一時延期、さらには再三延期されることになった。実際、工事着手したのは、鹿児島

側が明治三十二年（一八九九）八月、熊本県八代側は三十四年一月に入ってからである。だが、三十七年二月に日露戦争が勃発したため工事が中断され、三十八年二月から再開されている。

鉄道作業局と工区決定

明治三十年八月十八日、逓信省鉄道局は監督行政のみを受け持ち、現業部門を「鉄道作業局」として外局独立させた。そして九州初の官設鉄道鹿児島線敷設工事のため、三十二年三月十一日付で「鉄道作業局鹿児島出張所」が設置される。

当時、日本の鉄道はイギリス方式またはアメリカ方式のいずれかで敷設されていたが、九州鉄道株式会社のみドイツ方式を採用していた。当然、八代以南の鹿児島線もドイツ方式と思われたが、鉄道作業局鹿児島出張所はアメリカ方式を採用した。それは、中央の鉄道と同様に、同一の「設計標準、標準、指針、施工指針、仕様書」で施工しようとしたからである。

敷設工事にあたっては、八代－人吉間を第一工区、人吉－吉松間を第二工区、吉松－鹿児島間を第三工区とした。以後、逓信省などの公文書・記録では「官設鹿児島線」と表記される。

敷設工事に関わる公文書など

鹿児島線、後の九州線（八代－人吉－吉松－鹿児島間）敷設工事には、逓信省・帝国鉄道庁・鉄道院が当たり、「勅令、閣令、省令、訓令、告示、公達、訓示、駅逓局達、電信局達、通達告知、指令、回答」の中で諸事が決定されている。

鉄道敷設の設計にあたっては、同一規格を図るため、逓信省・鉄道院の「省令、告示、達、内規、局報」があり、それに従って隧道、橋梁、暗渠、停車場、盛土、切取に関する「設計標準、標準、指針、施工指針、仕様書」が作成された。

また、施工、実施に当たっては、線路ごとに必ず「標準、指針、仕様書」が作成され、工事区間の同一規格を徹底するため「定規、例規、規定（程）」を定めている。

このような公文書から、鉄道敷設の設計施工をみていくと、現存する鉄道線路、隧道、橋梁、停車場、給水塔、給炭機をはじめ、諸材料の煉瓦、切石などについても、どのような「標準、指針、仕様書」があって建設されたかがわかる。

明治三十年代から、日本の全域を網羅する二〇万分の一輯製図が作成され、鹿児島線の計画線路が記入されている。また、明治三十七年三月三十日刊の地勢図にも鹿児島線の計画線路、停車場名が記入されている。

第一工区・八代—人吉間

鉄道作業局鹿児島出張所によって、第一工区・八代－人吉間はさらに一〇工区に分割された。その区割の詳細についてはわからない。工区割にそって工事請負業者が選定され、入札が実施された。

土木工事協会編『日本鉄道請負業史 明治篇』によると、その落札者は「間組・西松組・久米組・前田栄次郎・太田六郎」らである。工事費は二〇五万円。一〇工区のうち、多くは間組・西松組が、白石付近の隧道を久米組が、渡－人吉間を前田栄次郎が請け負う。久米組は工事でつまずき中途解約された。

入札に付されず、鉄道作業局鹿児島出張所の直営、直轄工事とされたのが、第一、二球磨川橋梁、告隧道、瀬比良隧道である。第一、二球磨川橋梁は、鉄道作業局の高井長次郎が監督を務め、間組の遠藤兵作・前野定喜らが工事に当たった。

明治三十四年、八代－坂本間の工事に着手した。三十五年には坂本－渡－人吉間も着手している。三十九年七月十六日、九州鉄道株式会社が「鹿児島線」のうち、八代－坂本間を借り受けて、九州製紙会社の貨物輸送を開始した。

第二工区・人吉—吉松間

鉄道作業局鹿児島出張所は、第二工区を大きく六区割にした。そして、吉松、人吉それぞれに工事事務所を設けた。第二工区は難工事が予想され、過去の実績をもとに請負業者が選定され、入札に付されている。

その落札者は「間組、鹿嶋組、星野鏡三郎、橋口組」である。鹿嶋組は鹿嶋岩蔵が組長で、星野鏡三郎は初名を芳田鏡三郎といい、鹿嶋組の代人も務めている。鹿嶋組下に「松浦組」があり、現場責任者は真田三千蔵と勝出末吉の二人である。橋口組については不明である。

『九州日日新聞』、『大阪朝日新聞』などによると、橋口組名義で落札したのは「大本組」の組長大本五平であった。現場責任者は森山清太郎が務めている。

工区の六区割は、人吉停車場から大畑間が間組、ループ線から大野山第二隧道間が橋口組、その隧道から矢岳隧道を経る間を鹿嶋組、星野鏡三郎、吉松停車場まで橋口組が担当することになった。

一部については、明治三十八年（一九〇五）から着手している。しかし、工事が本格化したのは明治四十年からで、四十二年九月三十日竣工を目指して工事に入った。

工事現場まではほとんど道もなく、作業道の開削から始まった。人馬を使った資材運搬、軽便軌道の敷設、人夫不足など問題が山積していた。その上、最大の難工事「矢岳越え」もあり、わずか三五キロの間に二一カ所の隧道を掘らなければならなかった。また急勾配を克服するため日本初のループ線とスイッチバックの建設も待ち受けていた。

明治四十二年十一月、最後の難関ともいうべき矢岳第一隧道が貫通し、工事が完成した。それは門司から鹿児島間全通、さらには日本縦貫鉄道の全通を意味するものである。これを記念して、有名な二つの扁額が坑口に掲げられた。

中国人ならびに朝鮮人労働者の投入

明治四十年（一九〇七）九月八日付『九州日日新聞』によると、請負業者大本組は、鉄道敷設工事の人夫不足を補うため、大連出張所を通して、中国人労働者を六月、八月の二回にわたって募集した。八月十二日には「二三〇余名」が長崎を経由して、鹿児島に上陸している。そして、吉松を経て、八月十四日ごろから矢岳の工事現場で働かせた、という。これは条約違反のため大きな問題となり、九月二十一日に鹿児島から本国へ送還された。

大本組事件から一カ月後、十一月二日付の『九州日日新聞』は、〝肥薩鉄道工事用の人夫〟として朝鮮人四〇名が人吉に到着した」と報じている。続いて、十二月二十一日付には「工事請負者は鹿島組にて、目下六〇〇人の人夫を使役し、盛んに工事中なるが、内五〇名は韓国人夫」、一月二十六日付では「肥薩鉄道工事の韓国人夫一六〇名」、「球磨郡に入込める韓国人は、藍田村のみにて三〇〇人に上り、此内五、六名は夫婦者にして、女は凡て炊事の方に使役され」と見える。この間、日本人と朝鮮人の間にトラブルが発生したことも新聞は報じている。

四月二日付『九州日日新聞』には、韓国人夫が「五〇〇名以上」と報じている。二カ月で二〇〇人も増加している。おそらく、韓国鉄道工事の経験があり、その仕事ぶりも優秀であったためであろう。

第三工区・吉松—鹿児島間

第三工区・吉松－鹿児島間は、吉松－横川間を五区割、横川－鹿児島間を五区割にしている。横川と吉松には、それぞれ工事事務所が設けられた。

請負業者は、「間組、太田六郎、星野鏡三郎」である。後に、間組は第一、二工区も受注しており、評価は高い。星野鏡三郎は鹿嶋組の代人で、二人とも第一工区も受注している。工区割ごとの請負業者については不明な点が多い。間組は、明治三十二年十二月に加治木－国分間、三十四年に栗野－吉松間、四十年八月に人吉－大畑ループ線間付近を受注している。

第三工区は、明治三十二年八月から工事着手し、三十四年六月十日、鹿児島から国分（現在の隼人駅）間が開通した。さらに明治三十六年一月十五日、嘉例川、国分－横川間が開通する。

九月五日、栗野から吉松間の開通をもって、横川－吉松間も開通した。これにより、待望の鹿児島線第三工区（鹿児島－吉松間）が全線開通、一部開業する。

開業日より施行された『列車運転時刻表』によると、駅名（停車場）は「吉松、栗野、横川、嘉例川、国分、加治木、重富、鹿児島」が見える。列車は、下りが午前二本、午後二本。上りは午前二本、午後二本であった。

「鹿児島線」開通

明治四十年（一九〇七）七月一日、九州鉄道株式会社は「鉄道国有化法」によって国有化され、「帝国鉄道庁」・「九州帝国鉄道管理局」が新設された。これにより、鉄道建設全般を担ってきた「逓信省鉄道作業局」は吸収されることになる。

これに伴い地方でも大幅な組織替えが行われ、鉄道作業局鹿児島出張所は「帝国鉄道庁鹿児島出張所」と改称される。

五月三十一日、待望の「鹿児島線」八代－人吉間が開通した。当日の祝賀会には、来賓として堀田正養逓信大臣、平井晴二郎帝国鉄道庁総裁らが出席した。会場周辺には、来賓接待所をはじめ休憩所が設けられ、東京庵蕎麦店、門司明治屋、熊本風月堂、浜松屋寿司、アサヒビール摸擬店などが出店している。地元からは太鼓踊りなどが出演し、終日大賑わいした。

五月三十一日付『九州日日新聞』には、「鹿児島行きちかみち、八代人吉間鉄道」と広告が掲載され、六月一日開業を紹介している。一日、開業免許状を得て、鹿児島線が「九州線」と改称、門司－八代－人吉間が開業した。また、人吉をはじめ坂本、白石、一勝地、渡停車場もそれぞれ開業し、記念行事が催された。

鉄道院、九州鉄道管理局が発足

明治四十一年（一九〇二）十一月五日、国有鉄道が逓信省から内閣に移された。そして、「逓信省鉄道局」と「帝国鉄道庁」が統合する形で、新たに「内閣鉄道院」が設立された。九州の地方機関として、「鉄道院九州鉄道管理局」が発足、帝国鉄道庁鹿児島出張所は「鉄道院鹿児島出張所」と改称された。所長には技師の伊地知壮熊が命じられる。

未開通の九州線（人吉－吉松間）については、球磨郡藍田村赤池に「鉄道院肥薩鉄道建設工事事務所」が設置された。国有化により、九州の鉄道が日本各地の鉄道と結ばれたことで、鉄道院は全国的な鉄道網整備、同一規格の統一を図ることになる。それは、未開通の敷設工事にも、大きな影響を及ぼすこととなる。

「九州線人吉本線」から「鹿児島本線」

明治四十二年（一九〇九）十月十二日、線路名称が制定され、八代から人吉間を「九州線人吉本線」と称することになった。しかし、九州線は改称されたにも関わらず、明治四十二年十月刊行の『九州線唱歌汽車』をはじめ四十三年六月の「九州線機関車牽引定数表」、十二月一日改正の『人吉駅発着時間表』には九州線人吉駅と記されている。限られた期間の改称であったらしい。

四十二年十一月十八日、鉄道院は人吉－吉松間の開業前に、「九六九号達」で「鹿児島線人吉吉松間列車運転ニ関シ取扱方ノ件」を定めた。「鹿児島線人吉、吉松間ニ於ケル列車運転ニ関シ取扱方左ノ通リ相定メ同区間運輸開始ノ日ヨリ之ヲ実施ス」と始まり、取扱心得、機関車の牽引定数、制動機軸数などが記されている。
機関車では、主に蒸気機関車3100形が牽引している。列車種類としては「旅客・混合・貨物」の三種類があり、運転時刻は次のとおりであった。

急八三一レ　門司　〇七：二四　鹿児島二〇：二四
急八五二レ　鹿児島〇八：四五　門司　二一：四〇
二七七レ　門司　二三：二〇　鹿児島一三：四九
二七八レ　鹿児島一六：〇五　門司　〇六：〇五

列車は急行列車一往復、夜行の普通列車であった。ただし、門司から熊本間のみが急行で、熊本から鹿児島間は普通列車であった。

門司・鹿児島間が全線開通

明治四十二年（一九〇九）、最後の難関ともいうべき矢岳第一隧道工事が完成。文字どおり、門司から鹿児島まで「九州線」全線が開通した。この開通・開業により、九州線人吉本線は「鹿児島本線」と改称される。

鉄道開通で始まった近代化

この鉄道建設を通じて、新たな建設資材（材料）が使用され、数多くの近代建造物が登場した。それはセメントや赤煉瓦の生産である。それに地元産の石材を併用して積み上げて構造物を築くという、新しい建築方法の出現であった。

このほか、鉄道線路のバラストとして敷石が用いられ、コンクリートには川砂利が使われた。これらの新しい建築資材を使用して、隧道、橋梁、乗降場（プラットホーム）、西洋釘（犬釘）、石造りの倉庫、機関車庫などが建設された。

また、鉄道の開通を機に、新たな製造業も創業した。セメント、煉瓦、石材、大甕《おおがめ》などである。鉄道停車場を中心に輸送、旅館、倉庫業も営業を始めた。続いて、地元産の木材・穀物の輸送も盛んになり、酒造・醸造（味噌・醤油など）の生産も増加してきた。それは、石積みの諸味《もろみ》部屋の登場であり、シンボルとなった赤煉瓦造りの煙突で可能となった。

桜島の大噴火と第一次大戦

大正三年（一九一四）一月十二日、午前十時五分、桜島が大噴火。大爆発は十八日まで続いた。噴火は三月二十七日まで続き、地震と降灰、溶岩流に人々の生活は混乱を極めた。鹿児島本線、川内線も大きな被害を受けたが、保線区の奮闘により十三日に川内線、十四日には鹿児島本線が復旧した。この結果、被災者の救援活動や復旧資材の輸送に鉄道が大いに貢献した。

同年七月二十八日、ヨーロッパで第一次大戦が勃発。日本もドイツに宣戦布告し、九州でも軍事輸送が開始された。軍事列車の運行は、九月二十四日まで続き、一般列車への増結、混乗なども含め、合計二四二本にも及んだという。輸送は、第十八師団とその出港地間で行われたが、兵士、傷病兵、軍馬、軍事資材の輸送、凱旋、捕虜の輸送などと多岐にわたった。

大正四年（一九一五）、機関車の輸入が絶たれ、以後すべて国産機関車に代わっていく。同年、川崎造船所兵庫工場で製造された蒸気機関車4110形三九両のうち、鹿児島本線の人吉－吉松間用として一四両配置され、人吉、吉松機関庫で旧式機と置き換えられる。

新たな建設線

大正七年（一九一八）四月十五日、新たな鉄道建設線の線路名称が決定した。その中に、山野線（栗野－山野間）、肥薩線（鹿児島－川内－八代間）があり、海岸沿いの肥薩線（後の鹿児島本線）の名が初めて登場。大正八年五月五日には、志布志線（都城－志布志間）、十年四月四日には杉安線（妻－杉安間）、湯前線（人吉－湯前間）が線路名称の決定をみた。

湯前線は、熊本建設事務所の管轄下に入り、大正十年四月二十一日から実測を着手し、翌年十月までに線路選定を終える。敷設工事は、人吉－多良木間を第一工区、多良木－湯前間を第二工区とし、大正十二年十二月までに敷設、軌道工事が竣工した。大正十三年二月までには肥後西村、一武、免田、多良木、湯前の五停車場も竣工し、三月三十日には、湯前線（人吉－湯前間）が開通した。ちなみに、山野軽便線（栗野－山野間）は大正十年九月十一日に開通した。

昭和二年（一九二七）十月十七日、湯浦－水俣間が開通。これにより海岸沿いの「肥薩線」と「川内線」が連結することになり、これまで人吉・吉松経由であった鹿児島本線が、水俣・川内経由に変更された。そして、従来の鹿児島本線のうち、八代－人吉－鹿児島間が「肥薩線」と改称される。

昭和七年（一九三二）十二月六日、国都東線、西線の連結により、同線と肥薩線隼人－鹿児島間、志布志線都城－西都城間を「日豊本線」に編入。小倉－鹿児島間を「日豊本線」とすることとなり、従来の日豊本線都城－吉松間は「吉都線」となる。この編入替えにより、肥薩線を八代－隼人間、志布志線を西都城－志布志間とした。これが、現在の鉄道幹線となっている。

戦時下の鉄道

昭和十五年（一九四〇）一月二十三日から降り始めた雪は二十七日まで続き、五〇年ぶりの大雪となった。矢岳隧道付近で一九㌢、真幸駅九㌢、人吉駅四㌢で、レール破損や線路分岐機の凍結などが続出した。そのため人吉保線区は総動員して除雪作業にあたる。

昭和十六年十二月八日、太平洋戦争勃発。十二月三十日、防空下における旅客、荷物、貨物の取り扱い、および構内営業規程を制定し、戦時輸送体制に突入する。昭和十七年十一月に、本州と九州を直結する関門隧道（トンネル）が開通し、これにより直通輸送が実現した。一方、戦争の激化にともない、急行列車の速度抑制、「戦時陸運非常体制」が実施された。

十九年十二月一日、湯前線湯前駅と妻線妻駅間の「省営貨物自動車米良線」が開通した。二十年七月二十七日、三十一日に鹿児島市は相次いで大空襲を受け、甚大な被害を被った。鹿児島駅では客車一二七両、貨車一一八両が全焼。線路は破壊され、駅舎も焼失、死傷者も多く出た。

終戦後の混乱と国鉄の発足

昭和二十年（一九四五）八月十五日の終戦後、全国の鉄道は貨車も動員し、臨時列車を運行して、復員、引揚者や在日外国人（捕虜、労働者）、疎開学童、物資の輸送に当たった。このような無理な輸送体制の下、八月二十二日、肥薩線吉松－真幸間の山神第二隧道内で第八〇六列車が退行。復員者を中心に死者四九名、重傷者二〇名という大事故が発生した。

昭和二十二年三月一日、肥薩線の新駅として葉木、大坂間駅が開業した。

二十四年六月一日、占領軍の政策で「公共企業体日本

国有鉄道」が発足した。翌年八月一日、九州では運輸支配人、営業支配人を置き、門司、熊本、鹿児島、大分の四つの鉄道管理局を置いた。その後、三十二年支社制度が設けられ、九州には「西部支社」が設置された。

二十六年十二月一日、肥薩線八代－人吉間と湯前線人吉－湯前間にディーゼルカーが登場した。昭和二十七年四月六日、観光人吉の玄関口として人吉駅の増改築が完成、祝賀会が催された。六月一日には簡易の西人吉、鎌瀬、吉尾、海路の四駅が開業、時刻改正も行われた。

この頃から、肥薩線の八代－人吉間を「川線」、人吉－吉松駅間を「山線」と呼ぶようになった。また、山線の矢岳付近を日本一の車窓風景、「日本三大車窓」というキャッチコピーも登場した。

昭和二十七年九月十八日、石炭の燃焼をよくする重油併燃機関車D51型蒸気機関車が、九州のトップを切って肥薩線人吉－吉松間に初めてお目見えした。

昭和二十八年七月二十三日に国鉄バスが人吉駅－湯前駅間で運行開始。十一月十一日から年末まで、各駅の木材滞貨一掃のため、連日三五両の貨物列車一本が人吉駅から本州に向けて運行された。三十一年七月十日、大水害で肥薩線の万江川橋梁が落下。渡駅と人吉駅間をバスで代替運転を行い、復旧には一週間かかった。

三十三年一月、人吉駅信号指令所が完成する。十月一日には肥薩線にあらたに日当山駅が開業した。

ディーゼルカーの活躍

昭和三十四年（一九五九）四月一日、肥薩線門司港－人吉間にディーゼルカーの準急「くまがわ」の運転が開始され、これ以降ディーゼルカーが主力となっていった。五月一日には熊本－宮崎間に準急「えびの」が運転を始めた。

昭和三十五年七月一日、乗車券の三等級制が二等級制に改正され、客車、電車、ディーゼルカーは従来の二等車が一等に、三等車が二等になった。昭和三十六年七月一日から、準急「第二えびの」に一等車が連結された。

昭和四十年（一九六五）七月三日、大水害により渡駅はホームより約一メートルの高さまで水没、瀬戸石駅は駅舎全部が流失した。十一月一日、阿蘇－熊本－西鹿児島間（肥薩線経由）に準急「やたけ」が運転開始。また、年末から年始にかけて大阪－人吉間に臨時急行「ひとよし」

が運行された。
昭和四十三年(一九六八)二月二十日から雪が降り始め大雪となり、道路は全面通行止め、鉄道もストップした。その矢先、午前八時五十一分、十時十五分の二回にわたり、震度五の強震が襲った。肥薩線では、矢岳－真幸間、真幸－吉松間でレールが外れたり、地盤沈下がみられ、松尾隧道には亀裂が入った。八代－人吉間は運行開始したが、宮崎行きの「第二えびの」などは運休。二日後の二十二日午後七時十九分に震度四の地震があり、肥薩線人吉－吉松間は再び運行中止となり、二十四日にようやく復旧した。この地震は、「えびの地震」と命名された。

同年四月六、七、八日の三日間続けて、人吉市大畑町の肥薩線沿線で山火事が発生、国有林、民有林を焼失した。この三年間、大畑駅一帯の鉄道沿線で山火事が一八回発生している。山火事の原因について、人吉営林局は「蒸気機関車の煤煙または火の粉、石炭ガラ」とし、国鉄側と対立した。原因不明のまま、国鉄は鉄道沿線の山火事予防のため、沿線のススキや雑木を下払い、焼き払うことにした。同じく四月、吉松駅舎が新築、落成した。

JR九州の発足

昭和四十四年(一九六九)九月、「日本国有鉄道の財政の再建に関する基本方針」により、支社制度を廃止し、九州については「総局」を設置した。

昭和四十七年三月十五日、山陽新幹線新大阪－岡山間開業による時刻改正が行われた。この時、門司港－都城間(肥薩線、吉都線経由)の夜行普通列車が廃止される。

同年七月六日十三時四十五分、真幸駅向かい側の山が崩れ、土石流が走り、構内に待機していた蒸気機関車二両が土砂に埋まった。四十八年三月には肥薩線が無煙化され、蒸気機関車が姿を消していく。

昭和四十九年四月に博多－宮崎間の急行「えびの二、三号」を格上げし、肥薩線経由の博多－宮崎間に特急「おおよど」が運転を開始した。さらに、五十三年には肥薩線経由の熊本－西鹿児島間の急行「やたけ」を快速列車化(吉松－西鹿児島間)した。

昭和六十年(一九八五)一月十日、国鉄は独自の再建案として「経営改革のための基本方針」を掲示。その方針には、「湯前線は昭和六十二年度末までに廃止、肥薩線は六十四年度末をめどに子会社に切り替える」という内容が盛り込まれていた。六十二年二月三日、運輸省は湯前線など全国八線を、第三次特定地方交通線として廃止することを一括承認。四月一日、民営分割化され「九州旅客鉄道株式会社」（JR九州）が発足した。

昭和六十三年八月、存続運動が展開される中で、湯前線特定交通線対策協議会が開かれ、湯前線の第三セクターによる鉄道存続が正式に決定。平成元年（一九八九）十月一日、第三セクター「くま川鉄道株式会社」が発足した。昭和六十三年十月九日には「SLひとよし号」が観光用の限定運行という形で復活している。

新たな取り組み

平成八年（一九九六）三月、人吉－吉松間の普通列車二往復が、「いさぶろう号」（下り）、「しんぺい号」（上り）という観光列車として運行開始した。

平成十六年三月一日の九州新幹線八代－鹿児島中央駅間が開業し、同時に九州をS字状に横断する「九州横断特急」の運行が始まる。

十七年八月に「SLひとよし号」のお別れ運転が行われ、同年十月二日からは、日・祝日に限り熊本－人吉間を一往復する、観光用の快速列車「九千坊号」が運行開始した。また十八年十二月十三日から、翌年二月二十一日まで土・日曜日に限り「人吉はやとの風」が、人吉－吉松間で延伸、運行された。

肥薩線全通一〇〇周年の二十一年四月二十五日からは土日祝日、夏休みなどに「SL人吉」が熊本－人吉間で運転される。

肥薩線の一〇〇年は、SLからディーゼルカーへの主役の交代はあったが、黙々とヒトやモノを運び多くの物語をつくり出してきた。九州新幹線の全線開業後はこれと連携する形で肥薩線の新しい時代が始まる。

（菖蒲和弘）

肥薩線が運んだもの

ある地域に鉄道が敷かれることにより、そこには二つの大きな変化がもたらされる。ひとつはヒトやモノの流入により新しい生活スタイルが広がっていくことだ。もうひとつは地域の自立性が弱まることだ。前者を鉄道の文明化作用、後者を鉄道の抑圧作用と呼ぶこともある。ここではとくに、文明化作用という点を念頭において肥薩線がもたらしたものを整理してみたい。

古代から開け、独自の文化を育んできた人吉盆地は産物に恵まれたところである。盆地外との交易は最初は人間が担いで運ぶ範囲のささやかなものだったが、交通手段の発展にともない活発になっていった。この地の大動脈にあたる球磨川を利用した水運は昔から行われていたが、画期的だったのは、寛文四年（一六六四）の林正盛による球磨川開鑿事業の完成である。これにより、人吉盆地の人や産物が球磨川の水運を利用して直接、八代まで運ばれるようになった。

明治時代を迎えても、鉄道開通以前はあいかわらず球磨川が大動脈の役割を果たし続けた。明治の半ばころ、人吉から八代まで八時間で到着したが、帰りは、球磨川沿いを、八代から人力車や川船を組み合わせて利用しても二日かかった。明治四十一年（一九〇八）の八代－人吉間の鉄道開通は、人吉盆地のヒトやモノの流れを劇的に変えることになった。

まず、ヒトの移動をみてみよう。徒歩や人力車、馬車、川船による移動から、鉄道による移動に変化したことが、どれほどの喜びを人吉盆地の人々にもたらしたことであろう。大幅な時間短縮だけではない。季節や天候の変化に影響されない確実な移動をもたらした鉄道は、人々が人吉盆地から鹿児島や八代に出ることを容易にしたし、外からの多くの人が商用や行楽のために人吉盆地を訪れることを可能にした。本書で後述するように、柳田国男などの文化人の往来もみられた。

明治末の温泉掘削の成功をきっかけに、大正、昭和にかけて人吉市内で相次いで温泉の掘削が行われ、木材等の集散地としての経済的都市機能のほかに温泉地として観光都市の要素が付け加わった。当然、熊本市をはじめ遠方から肥薩線でやってきて人吉温泉に滞在する観光客が増加した。それに伴い、旅館などの観光関連産業が栄えはじめ、球磨川下りなどとあわせて観光地としての人吉盆地の名前が全国にも知られるようになった。

戦前から戦後にかけては多くの軍人を運んだ。その中で終戦後の復員者が多数犠牲となった第二山神トンネルの大事故が起こった。故郷を目前にさぞや無念の思いだったことだろう。

戦後は、学制改革により新制高校が肥薩線や湯前線の沿線に新たにいくつも誕生し、朝夕は通学列車として賑わった。また、座談会のところで触れられているように、高度成長期には集団就職列車が多くの若者を人吉盆地から関西へ運んだ。

次に、モノの移動はどのように変化したのであろうか。開業から五年後にあたる大正二年（一九一三）四月の人吉駅の貨物について、九州日日新聞は次のように報じている。

「発貨の重なるものは米穀、坑木、木材、枕木等にして通常扱三七八噸、貸切扱三七七九噸。速達便扱一個。収入合計一万二二一圓にして前年同期に比すれば八七九圓の増加なり。着貨は雑穀、食塩、肥料、石灰等を主とし総額一九三三噸。前年同期よりも三〇〇噸の増加なり。」（『九州日日新聞』一九一三年［大正二］五月六日）

ここから、人吉駅からの発送荷物の主なものが木材と米であること、到着荷物のそれが雑穀や食塩、肥料などであることが確認できる。出荷が着荷の倍に達し、月間約四二〇〇トンということは一日あたり約一四〇トンで、人吉盆地が農林産物の豊かな産地であったことを示している。人吉盆地からの出荷貨物の中心が木材であり、同盆地への入荷貨物の主なものが日用雑貨品という構図は第二次大戦後に至るまで長く続くことになる。

鉄道の開通により人吉は木材の町として発展を遂げていき、九州で三番目に古い人吉木材市場も設けられた。大正十三年（一九二四）の湯前線の開業はさらに、球磨川上流部の木材集積地である多良木や湯前を鉄道網に直接結びつけることにより、肥薩線による木材輸送はいっそう増大することになった。第二次大戦後の一九六〇年代においても人吉駅の発送貨物の八～九割が木材・木炭であったことからも、肥薩線が木材輸送にいかに重要な役割を果たしたかを推し量ることができる。

肥薩線開通直後の鉄道と木材業に関連して、ここでぜひとも言及しておきたいことがある。日露戦争後の財政難の時代に、政府は国有林からの増収をはかり、全国の主要林業地に国営の製材所を設置した。これを官行製材所と呼ぶ。人吉営林署内でも白浜の国有林が伐採される

貨物の主役は木材だった（山口雅宏撮影）

ことになり、鉄道開設の少し前に、一勝地松谷に製材所が設置された。明治四十年（一九〇七）四月に開所した一勝地官行製材所だ。ドイツ製五〇馬力の蒸気ボイラーを備え、縦鋸一基、丸鋸三基、目立機一台を備えたこの製材所は、樹齢二〇〇年ばかりの樅・栂を板材や角材に製材し、熊本や博多、長崎、大川さらには大阪砲兵工廠などに出荷した。輸送方法を見ると、当初はトロッコにより那良口まで運び、その後は川下しで運んだ。鉄道開通にともない、四十一年五月からは馬車で一勝地駅まで運んで貨車に移し換え、四十三年に那良口駅ができトロッコから直接、鉄道に移すことができるようになった。この先駆的製材所は大正十三年末に閉鎖され、工場は鹿児島の商人に払い下げられた。製材所があった場所は現在、一勝地第二小学校となっている。

戦前から戦後にかけて肥薩線が運んだ木材のなかでわが国の経済成長に直接大いに貢献したものが坑木だ。

日露戦争や第一次大戦頃の九州の駅ごとの木材発着状況の概要は別表に示されるとおりである。まだ、人吉盆地に鉄道が通じていない明治三十四年（一九〇二）には、木材の主要な発送駅も到着駅も筑豊炭鉱に関連する駅ばかりであった。若松とか宇島などに船で運ばれた坑木が宮床駅（現糸田駅）や小竹駅など炭鉱地帯に運ばれたことがわかる。それが第一次大戦後の一九一九年になると、発送駅の一位は坑木業の栄えた若松であることに変わりないが、四位に人吉、五位に鹿児島がきており、到着駅にも筑豊炭鉱地帯の駅と並んで三池炭鉱の大牟田駅が登場しているのも注目できる。南九州からの鉄道による坑木輸送が筑豊炭鉱と三池炭鉱という主要炭鉱にとって大きな役割を果たし始めたことがわかる。昭和二十七年（一九五二）でも人吉・球磨地方の坑木の生産は全国第一位で、筑豊炭鉱や三池炭鉱に送っていた。

坑木の他に、建築用材を含め木材には様々な用途があるが、原料として加工して利用したのが製紙業である。

	発送駅	トン数	全体比	到着駅	トン数	全体比
1901年	若　松	57,920	33.5	宮　床	21,743	12.6
	宇　島	20,478	11.9	小　竹	14,327	8.3
	中　津	12,183	7.1	中　泉	14,080	8.2
	小　倉	10,621	6.2	後藤寺	13,304	7.7
	門　司	8,896	5.2	飯　塚	12,906	7.5
1905年	若　松	60,903	29.1	直　方	17,563	8.4
	宇　島	16,976	8.1	中　泉	14,582	7
	八　代	10,525	5.0	後藤寺	13,701	6.5
	黒　崎	8,351	4.0	金　田	13,045	6.2
	久留米	7,156	3.4	小　竹	11,452	5.5
1919年	若　松	116,480	11.8	添　田	30,208	3
	久留米	43,345	4.4	香　月	30,089	2.9
	戸　畑	41,844	4.3	大牟田	28,553	2.8
	人　吉	34,604	3.5	平　垣	27,105	2.7
	鹿児島	33,032	3.4	臼　井	24,732	2.4

九州の鉄道による木材発着状況（単位：トン、％）
（出典：『福岡県史　通史編　近代産業経済（１）』

明治二十八年（一八九五）の肥後製紙（株）を出発点とし、その後、東肥製紙、九州製紙を経て、大正十五年（一九二六）に樺太工業坂本工場、さらに昭和四十二年（一九六七）に西日本製紙へと名前を変えながらずっと用紙を生産し続けた坂本の製紙工場は、肥薩線川線沿線の最大の工場であった。沿線遺産のところで紹介されているように、坂本駅には早くから引き込み線が設けられ、原料である木材の搬入から製品の出荷まで鉄道はこの工場の生命線の役割を果たした。一九八〇年代初めでも坂本駅の年間収入の八五％が同社の貨物輸送によりもたらされていた。

球磨地方は木炭の産地としても知られていた。明治末に先駆的に木炭検査を導入し品質管理を行ったことで「球磨木炭」のブランド力は向上した。昭和三十二年（一九五七）に出荷量一七〇万俵のピークを迎え、一九六〇年代半ばでも生産量の約八割が北九州や近畿、関東へと送られていた。残念ながら、その後のエネルギー革命で商品としての木炭への需要は急減する。

肥薩線が運んだ貨物はもちろん木材だけではない。第2章の真幸鉄山のところに紹介されているように、ここで採鉱された鉄鉱石を八幡製鉄所や小倉製鋼所へ運ぶのに肥薩線が利用された。

また、人吉・球磨地方は石灰石が豊富な地域で、日本セメント（株）が石灰石の採掘に乗り出し、白石駅に昭和三十一年（一九五六）には日本セメント専用線が設置され、四十五年に廃止されるまで大量の石灰石を八代の日本セメント八代工場に運んだ。沿線遺産として紹介されている大築島とならんで重要な原料供給地だった。石灰石のほか、吉尾駅近くには江戸時代に開鑿された銅山があり、何度かの中断・再開を経て昭和の初期まで採鉱され、大分の佐賀関精錬所へ輸送されたとのことである。

これらの特徴的な貨物のほかに、新聞・雑誌・書籍や食品、日用雑貨品などをもたらし、米や焼酎、農産物などを運び出してきたことはいうまでもない。

以上、見てきたように、肥薩線は一世紀にわたって、多くの人々と貨物を運び、人吉盆地の発展に、九州の鉱工業の発展に大いに貢献してきた。ただ、人員、貨物どちらの輸送においても戦後復興から高度成長期までがピークであった。その後のモータリゼーションによって輸送手段としての主役の座は乗用車やバス、トラックに譲った。これからは新しい観光資源として、全国からそして外国から多くの観光客を招き寄せる可能性を大いに秘めているのが肥薩線である。

（幸田亮一）

産業遺産としての肥薩線

明治期の汽車開通

明治四十年代の新橋－鹿児島間の所要時間は約五五時間。夏目漱石の小説『三四郎』も、その主人公が明治四十一年（一九〇八）に上京していることから、もしかしたらその汽車は当時開通したばかりの人吉停車場からの「上り始発列車」だったかもしれない。

当時は列車の種類にもよるが、熊本から門司まで約七時間、連絡船を乗り継いでからの下関－神戸間が約一一時間。東海道線の神戸－東京間が約二九時間かかるので、総計約四七時間、熊本から東京まで丸二日間の列車の旅である。

明治という時代は、国全体が近代化に一生懸命な時代。トータルなシステムとして、人も、機械も、方法も、「鉄道そのもの」をすべて外国からの輸入に頼り、西洋先進諸国に並び追い越そうと努力した時代である。鉄道はその後、明治三十年代中ごろまで活躍した「お雇い外国人」

らの手を離れて、日本人だけの手で工事を成し遂げた。その日本最後の縦貫・幹線鉄道の工事路線が、この「肥薩線」（鹿児島本線）であったことは特に興味深い。

鉄道産業遺産と肥薩線

鉄道は地域と社会を支える公共財であり、生活と文化を創り出す創造の場である。産業遺産研究の中で鉄道産業遺産（鉄道遺産）は、鉄道の産業そのものだけではなく、それらを支える技術、工学、土木、地理、経済、流通など、さらにそれらの近代化など各種の分野を包含した内容を持っている。また鉄道は輸送業として鉄道ダイヤ、時刻表、周遊、寝台・供食サービスなど、人やモノなどのソフト面に関するものも多く、それだけに鉄道の産業遺産研究は多面的であるといえよう。

肥薩線には鉄道の遺産に加え、開通以前の時代から球磨川水系や九州山脈脊梁系に関連する多くの産業、そして鉄道の各駅の沿線に存在する産業と林業農業等の遺産が多く見られる。それらの鉄道遺産や球磨川の沿線遺産の両者を含めたトータルな遺産が肥薩線・産業遺産なのである。肥薩線には当時の鉄道の擁した産業遺産の歴史と変遷の様子が、一二四・二キロの区間に凝縮して存在する。

産業遺産「肥薩線」の価値

では、鉄道遺産の中でも「肥薩線産業遺産」の価値とは何かを考えてみたい。ＴＩＣＣＩＨ（国際産業遺産保存委員会）の産業遺産憲章によれば「産業遺産の価値」とは（中略）「重要な歴史的結果を過去に持ち、現在も持ち続けている活動の証拠である。産業遺産保護の動機となるものは、独特な遺産の特異性よりも、この証拠の普遍的価値に基づくものである」とある。

この考え方と、産業考古学会などで天野武弘氏らが提案した産業遺産の評価と価値基準を元にして、次の七項目を「肥薩線産業遺産の価値基準」として位置づけてみたい。

希少的価値　橋梁・トンネル・駅舎を始め明治末期、大正期、昭和期にわたり構築、設置された各種の鉄道遺産が、当初の姿をとどめながら数多く存在する路線地域は他所にはない。

構成的価値　肥薩線全体が川線（平野部）、山線（山岳部）の大きく二者に分かれ、両者が一体となって存在すること。同時に各駅とその沿線に、開通前および開通当時の鉄道遺産と関連する産業遺産・遺跡が存在すること。

時代的価値　それらの遺産には明治、大正、昭和の各時期の構築年代と系譜があり、当時を物語るままに存在すること。

貢献的価値　肥薩線の開通により農林業や鉱業、商業を始め、各種のモノ、ヒト、ソフトなど交通、運輸が増大し、地域の興隆に大いに貢献した。さらに今後も地域の足、観光のシンボル、地域資源として貢献してゆくこと。

美的価値　明治・大正・昭和期を含め建設当時の意匠、構造、装置など、視覚的、機能的にもそこに「美しさ」を有し、それらが沿線各地に多く認められること。

心象的価値　これらの遺産本体と連携する沿線景観の存在により「心のゆとり」「癒し」「落ち着き」など心理的精神的効果を有すること。

体系的価値　これらの鉄道の遺産と沿線の遺産の、産業遺産全体が互いに相まって、総合的、体系的な存在であること。

このように肥薩線遺産は近代化・工業化の証しとしてのものだけではなく「生活や文化の成熟度の証し」として総体的な価値を持っている。

肥薩線遺産のこれから

鉄道は地域と社会を支える公共財であり、そこに生活と文化を創造する場でもある。

肥薩線は、熊本県と鹿児島県、それに途中には宮崎県の一部も含み、文字どおり南九州三県にまたがる。これらが、JR九州の在来線はもとより、平成二十三年に全線開業となる九州新幹線とつながっている。さらに、一般国道や高速道路、さらに三県の主要空港とも連携している。

このように多様な交通網と連携しつつ、肥薩線の今後の活用と沿線地域の活用化を考えていきたい。一次産業、二次産業、三次産業がすべて関係するのが観光産業であることを踏まえると、「グリーンツーリズム」や「ヘリテージツーリズム」「エコツーリズム」、さらには「フィールドミュージアム」など多様な可能性を秘めているのが肥薩線沿線である。
平成二十一年春の「SL人吉」の復活により、いっそう魅力が高まる肥薩線遺産は、「生きた産業遺産」といえよう。
（松本晉一）

高級官僚柳田國男が見た人吉停車場

明治四十一年六月十三・十四日

明治四十一年（一九〇八）五月末、官設鉄道鹿児島線の八代－人吉間（川線）開通に合わせ東京から人吉に向かった数人の高級官僚がいた。六月一日の開通式に出席するためだ。堀田正養逓信大臣や平井晴二郎帝国鉄道庁総裁らに交じり、法制局参事官兼宮内書記官の柳田國男もいた。柳田は当時三三歳、独身。後に民俗学者として知られるが、明治三十三年、帝大を出て農商務省に入ったエリート官僚で、同省農務局時代は農政論や産業組合論を専門にする農政学者でもあった。同三十五年、法制局参事官となっていた。

柳田は博多からそのまま汽車で熊本県に入らず、五月三十一日、福岡県八女郡黒木町から県境を越え熊本県鹿本郡岳間村（現山鹿市鹿北町）に入った。もちろん歩きである。六月一日の人吉停車場開業の日は、隈府（菊池市）から阿蘇の宮地（阿蘇市）に向かって歩いていた。

麦秋の坂本で降り、九州製紙を見学

柳田が熊本市、天草を回り、八代駅から開通したばかりの汽車に乗って人吉に向かったのは同十三日になっていた。「此焼畑は今日も九州諸國に非常に盛に行はれて居ります。八代、人吉間の汽車からも之を見ることが出來ます。この坂本の停車場の乗降場から、まぢかく山の急傾斜面に麥の疎に熟して居るのを見ました」（「九州南部地方の民風」）。同日は、九州日日新聞によると人吉町の鍋屋旅館に宿泊する。

八代から一つ目の駅、坂本停車場になぜ降り立ったのか。「何を着ていたか」（『木綿以前の事』に所収）には、

「先頃熊本県の九州製紙会社を見に行ったとき、私は紙の原料の供給地を尋ね試みことがある。藁だけは勿論この附近のは農村一帯から集めてくるが、古襤褸の多量は大阪を経由し、殊に古麻布を主として東北の寒い地方から、仰いでいるというのが意外であった」と記している。九州製紙坂本工場（旧東肥製紙で、明治二十八年設立。現在は公園）を見学していたのだ。駅のホームに立ち、間近に迫る山の斜面に目を移すと麦の穂が熟れていた。製紙工場では紙の原料調達について質問している。同工場ではパルプでなく、古麻と藁で紙を製造していた。

「鉄道生かす長期計画をたてよ」

柳田の長期九州出張の目的は山茶の調査、五木村焼畑訴訟の調査といわれているが、人吉までの鉄道開通に合わせた計画だった。農商務省の役人だった柳田は、明治三十年代から全国各地で農業政策や産業組合（今日の農協にあたる）に関する講演をしていた。

人吉でも講演会が計画されていた。明治四十一年六月十六日付の九州日日新聞「柳田参事官談片（人吉に於ける）」という記事によると、柳田は六月十四日の午前中に人吉城趾を観光し、午後一時から人吉二ノ町の本願寺別院で町民を前に講演する。そのなかで、鉄道開通にもふれ、「汽車通ぜし為め職業を失ふもの又は衰頽を来す町村は決して尠少ならず往來頻繁になれば旅客より金を取る工夫すると云ふ者あるも是等は確實なる繁榮策にあらず」「一時的の浮薄なる旅人相手に大計をたてん等の考えのみにては鐵道延長も単に便利になりしと云ふのみにて恐らく空喜びに帰せん宜しく利害得失を研究して永遠の賑殷を計られたし」と、鉄道を生かす長期計画が大事だと説く。

では、鉄道開通をどう生かすべきなのか。柳田は「生産力を増すの一事に帰す」と力説し、旅行者を当てにして計画を立ててはいけないという。そして、持論の産業組合の必要性を展開する。「生産業も各自區々別々にては發展緩るし組合を設け共同して製作し共同して売出すべし予は共同は道徳の一なりと信ずるもの也而して生産品は可成原料も勞働者も土地にて得らるゝものを撰擇すべし」と。一〇年以上前から産業組合に関する法律が整備され、参考書も出版されているので、進んで組織するべきだと話した。役所の指導を待ったり、県の技師からハゼを植えろと言われればハゼを植え、クスノキを奨励されるとクスを植えるようなやり方は避けるべきだとも訴える。さらに、地域の特性を生かすような手立てを研究しなさいと呼びかけた。

前々日の十二日には県会議事堂（熊本市。当時は現在の白川公園にあった）でも「農界の危機」と題して講演していた。十四日の人吉の講演は、会場がお寺だったからか、「汽車開通を歓喜する中に不祥の言をなすは祝言の場に經讀む嫌ある」と新聞は報じている。お祝いムードに水を差すお経のような講演だったのかもしれない。県庁の役人が付き添い、旅行してきた県内の各市町村では町村長が出迎えて案内した高級官僚の講演だったが、事前の告知がなかったので聴衆は三〇数人だった。

鉄道開通で川舟の船頭が失業

「柳田参事官談片」に続いて、「人吉便り」の見出しで、人吉駅開業二週間後の鉄道利用状況と、鉄道開通後の地域産業の変化に関する記事がある。明治の終わり、人吉球磨地方にやってきた新しい交通インフラが、地域の産業構造を変えていくく様子が書かれている。

人吉駅は開業早々からにぎわった。一日平均一〇〇〇人以上の乗降客があった。終着駅なので、汽車から馬車、馬車から汽車への乗り換え客が多く、汽車の到着時は構内が混雑したのだろう。しかし、一、二等客用の待合室や弁当の販売もなく、「甚不都合」だった。構内茶店も含め営業希望者も多かったが、駅開業から二週間たっても営業許可が下りていなかったようだ。

交通の拠点ができると宿泊施設もにぎわう。「旅客は意外の激増にて何れの旅舘も空間なく」、鍋屋のような一等旅館は予約しておかないと泊まれなかった。鉄道ができて人の流入が増え、旅館業が潤うのはどこも同じだ。

人吉で最も打撃を受けたのは球磨川の水運を担っていた川舟業者だった。今日、人吉－八代間は高速道路も走り、国道219号がある。ところが、明治期までは球磨川の水運が物資輸送の主役だったのだ。人吉からの下りは流れに任せ、八代からの上りは、下流域では帆を掛け、流れが急になると舳先にロープを結び、岸の道路から人が引っ張って人吉まで戻っていた。

鉄道開通後、汽車が人と物資を運ぶようになって事態は一変する。「八代人吉間の川舟は約七百隻なりしに汽車開通と同時に失業し目下営業繼續しおるは四五十隻に過ぎず毎日人吉發舟三十隻以上なりしに昨今は僅二三隻と減ぜり船頭は今日を豫想して朝鮮海に出漁せるもあり製紙會社の職工回漕店の仲仕業に轉じたるものあれど其大部分は他に職業を得ず困難を極めおれり」。七〇〇隻が一挙に十分の一以下に激減し、失業問題が起こったのだ。船頭たちは九州製紙や回漕店に転職したり、漁船に乗り、朝鮮近くまで漁に出て行くしかなかったが、大半は職を失った。柳田が、「汽車通ぜし為め職業を失ふもの」も少なからずと言った現実が、人吉にもあった。

柳田が人吉を訪れたのは二番茶の季節。「私は球磨地方に新に開通した人吉の停車場から非常に澤山の粗製茶の搬出せらるゝのを見ました。此地方を始め九州の脊梁山脈地方には、一帯に天然の茶が甚だ多い」(「九州南部地方の民風」)。人吉球磨地方特産のお茶も、すでに鉄道輸送に切り替わっていた。鉄道開通による地域の産業構造の変化を柳田は目の当たりにした。

柳田民俗学の出発点となった人吉

新聞記事には「十五日よりは五木多良木を廻り更に一勝地を経て鹿児島に向う筈」とある。柳田の著作には球磨郡五木や多良木の記述はあるが、一勝地の停車場に降り立ったかは不明。詳しい記述もない。

柳田國男の旅はその後鹿児島県、宮崎県へと続く。宮崎では米良から椎葉村に入り、村長から聞いた狩りの故事が、翌年『後狩詞記』に結実する。日本の民俗学の出発点となる重要な旅であった。六月十四日、人吉の鍋屋旅館で聞いた日向那須や平家落人の話も重要な意味を持ったといわれる。それから一〇〇年の時が流れた。

(高木浩)

肥薩線を走った蒸気機関車たち

肥薩線開業以来、八代-吉松に限定した区間で人吉機関車(後に機関区に改称)に配置された機関車のうち主な一二形式を紹介しよう。

5700形・2Bテンダ機関車（旧形式作業局D10・九州鉄道55・116北海道炭礦ヌ・ヨ）

明治四十一年（一九〇八）六月一日、八代－人吉間開通と同時に人吉機関庫が開設され、五両の機関車が配置された。番号は66・120・122・152・153の五両で、米国のアメリカン・ロコモティーブ社のスケネクタディ工場製。これらを明治三十年、九州鉄道が一三両、作業局が九両、計二一両輸入した。輸入当時、九州鉄道の採用形式は55形（55〜66）、作業局はD10形（243〜251）とした。さらに九州鉄道では三十一年と三十二年に二四両増備し、形式を116形（116〜127、142〜153）とし合計三六両を揃えた。

九州鉄道では八代－人吉間開通までは熊本・鳥栖地区や行橋・大分等の幹線で活躍していた。九州鉄道で同一の機関車でありながら、二形式（55形、116形）に分かれたのは、炭水車の足廻りの関係で、前者は三軸固定に対し後者は二軸ボギー台車と一軸固定だった。国有化後、四十二年十月一日の機関車形式番号改称で、5700形と改称された。

この機関車の外形から見た特徴は、ボイラーの火室の部分は大きく、煙室はそれよりも細くなっていたところだ。人吉機関庫に配置された機関車は、開通当初人吉－熊本間二往復、人吉－八代間二往復、それに熊本機関庫所属の機関車が熊本－人吉間二往復計六往復運転していた。その後、四十二年十一月二十一日人吉－吉松間の開通で両数も増加し、大正時代に入り同三年八月現在で一一両となった。しかし八年中ごろに国産の2Bテンダ機関車が入ったため、機関庫史によるとこの年の末ですべて姿を消したようになっているが、他の資料では十二年初めまで在籍した記録もある。人吉機関庫には延べ一七両配置された。

3100形・1C1タンク機関車（旧形式228）

明治四十二年（一九〇九）十一月二十一日、人吉－吉松間が開通し、3100形タンク機関車が八両人吉機関庫に配置された。この機関車は5700形と同じスケネクタディ工場製で、九州鉄道が明治三十九年に二四両輸入し筑豊地区の運炭列車や北九州地区では重量のある旅客列車に使用されていた。旧形式228形（228〜251）で形式番号改称で3100形となった。

この機関車はボイラーが隠れる程の大形水槽を取り付け、この容積は一一・四立方㍍（普通のタンク機関車は六〜八立方㍍程度）で機関車自体が重く、動輪の軸重は建設規定を超えていたが、この重さゆえに粘着力に物を言わせ、急勾配の「矢岳越え」に挑戦させたと思われる。輸送量の増加とともに増備され計一一両となり活躍していたが、大正三年（一九一四）新たに国産の急勾配専用のEタンク機関車が配置されると、筑豊地区や北九州地区に転出した。転出後小倉工場で水槽の前端を斜めにカットし規定の重量に納めた。取り扱いやすく性能がよかったのか長寿の機関車で、昭和二十年代初めまで各地で入れ換え用として僅かではあるが残っていた。

４１１０形・Eタンク過熱機関車

　日露戦争以降の輸送量増大にともない強力な機関車が必要となった。そこで３１００形に代わる機関車として大正三年（一九一四）四月に純国産の４１１０形Eタンク過熱機関車が登場した。この機関車のモデルは、奥羽本線福島－米沢間の板谷峠の急勾配に大正元年に導入されたドイツのマッファイ社のEタンク機関車４１００形である。４１１０形機関車は、川崎造船所兵庫工場で大正二年に一五両（４１１０〜４１２４）、翌年も一五両（４１２５〜４１３９）、さらに大正六年に改良形九両（４１４０〜４１４８）と計三九両が製造された。人吉機関庫には大正三年四月に六両新製配置、その後増備され合計一四両となった。

4110形・Eタンク過熱機関車（山口雅宏撮影）

　この機関車は五つの動輪があって曲線通過を滑らかにするため第三動輪はフランジなしで、第一と第五動輪には横動隙間を設けた。ボイラ上の砂箱も二つにし、蒸気溜とともに三つのドームが並んだ。広火室で火床が主台枠の上にあり、重心を低く抑えるためボイラー横の水槽は低く取り付けられた。また乗務員の煙害を防ぐため運転は逆向きが基本であったが、先頭の動輪（第五）の磨耗を防ぐため正面向きでも運転された。

昭和二年（一九二七）十月十七日海岸線（鹿児島本線）が開通し、輸送量が減少すると転出や休車が発生した。昭和八年六月末の記録では一三両在籍し、その内三両は休車扱いで実動は一〇両であった。昭和十年に入り、奥羽本線の輸送力増強でさらに数両転出した。十年代中ごろから戦時体制となり輸送力増強により数少なくなった４１１０形を補うため、昭和十六年に二両のＤ５１が転入し共通運用で活躍した。老朽化と酷使で戦後まで残ったのはわずか四両で、昭和二十二年に廃車された。乗務員は異口同音「４１１０形は苦労もあったが、よい機関車だった」と当時を回顧している。

６７６０形・２Ｂテンダ過熱機関車

４１１０形と同じく川崎造船所製。大正三年（一九一四）から七年にかけ八八両（６７６０～６８４７）と、一社にしては大量の製造車両数である。当初は急行用や旅客列車として、東海道・山陽・東北・常磐本線に使用されていた。この機関車は本線ばかりではなく中級程度の地方線にも適し、新形機関車が出現すると各地の路線で活躍するようになった。

人吉機関庫での正確な数は不明であるが大正八年（一九一九）に転入し、開通以来活躍した５７００形と交代していった。昭和八年（一九三三年）には六両在籍していたが、昭和十年代の半ばに姿を消したようだ。その後再転入したのであろうか、終戦直後まで数両在籍の記録がある。

湯前線を走る 8620 形 58654 号（昭和 47 年、山口雅宏撮影）

８６２０形・１Ｃテンダ過熱機関車

通称「ハチロク」のなじみ深い機関車で、豊肥線の「あそＢＯＹ」、肥薩線川線の「ＳＬひとよし号」としてよく知られている。大正三年（一九一四）川崎造船所、日立製作所、日本車両、三菱造船所で、実に六八七両（８６２０～８８６６６）も製造され、当時は９６００形に次ぐ両数であった。大正時代には旅客列車は８６２０形、貨物列車は９６００形とわが国を代表する機関車であった。車輪配置は６７６０形より動輪が一軸多いＣ形で、６７６０形をひと回り大きくした形状で、部品も同じ物が使用された。先輪は一軸ながら「島式一軸心向台車」を備え、第一動輪と心向棒を作動させ二軸先台車と変わらぬ性能を発揮した。８６２０形が人吉機関庫に配置されたのは、大正末期で６７６０形とともに川線で活躍し、６７６０形無き後は８６２０形の一人舞台となった。老朽化し、湯前線と入れ換え用の二両を残し、昭和四十一年には川線から姿を消した。

Ｃ５５形・２Ｃ１テンダ過熱機関車

Ｃ５５形機関車は主幹線の旅客用として製造、大正時代の機関車を近代化した形態で、蒸気溜と砂箱をカバーで一体化した。昭和十年（一九三五）から十二年にかけて六二両が汽車会社、日立製作所、三菱重工業、川崎車両で製造され、当初は東海道・東北・鹿児島の各本線及び北海道等で活躍した。当時は流線形華やかな時代で二一両（Ｃ５５２０〜Ｃ５５４０）が流線形として登場した。このため外形上は二種類となったが、保守点検や修繕等でカバーを外さなければならず、戦後すべてのカバーを外し従来の姿に改造された。

人吉区には昭和四十一年に七両が転入、当時川線で活躍していた８６２０形と替わった。同年にＣ５７形が転入、両形式は共通運用された。しかしＣ５７形が増えると、順次転出や廃止等で昭和四十三年十一月には姿を消した。

Ｃ 57 形 169 号（昭和 45 年、一勝地駅、山口雅宏撮影）

Ｃ５７形・２Ｃ１過熱テンダ機関車

人吉にＣ５７形一両が登場したのは昭和四十一年（一九六六）三月だった。Ｃ５７形は「ＳＬやまぐち号」牽引で有名になり、別名「貴婦人」と呼ばれる。

昭和十一年（一九三六）Ｃ５５形の改良形として、川崎車両、汽車会社、三菱重工、日立製作所で昭和二十二年までに二〇一両製造された。時代によりスタイルは四種類に区分され、特に戦後に製造された機関車は運転室に扉が付き、またテンダは舟底形と呼ばれる簡易な形となった。外形で一番目に付く個所は、動輪が従来のスポークから蓮根を思わせる箱形輪心に代わったこと。ボイラー上の蒸気溜と砂箱もC55形と同様に一体化しているが、後方を斜めにしてスピード感を出している。

各地の本線で旅客列車を牽引し、人吉区には延べ九両配置された。

(上) D 51572号 (昭和45年、真幸駅)、(下) さよなら運転のD 51170号 (昭和47年、人吉駅、2点とも山口雅宏撮影)

D51形・1D1過熱テンダ機関車

わが国の代表的な蒸気機関車で、「デゴイチ」の愛称で広く知られている。昭和十一年（一九三六）から二十年にかけて民間会社五社を始め国鉄各工場で一一一五両も製造され、同一形式として最大の両数となった。

時代により四種類に大別される。基本形はD50形を近代化したもので、スポーク動輪からC57形同様箱形輪心で出現した。貨物用の機関車ではあるが、牽引力に物を言わせ山岳路線でも威力を発揮した。

肥薩線の人吉－吉松間に初めて使用されたのは昭和十六年（一九四一）三月に一両と庫史にある。恐らく試験的なもので短期間と思われる。戦時体制による輸送力増強で十八年には三両配置され、活躍した。終戦直前には完全に山線の主導権を握った。当初トンネル内での煤煙から乗務員の身を守るため逆向き運転を行っていたが、二十七年から二十九年にかけて、集煙装置および重油併燃装置を取り付け、前向き運転となった。SLも末期となると各地でブームが起こり、特に肥薩線のループやスイッチバックを行く補機付きの列車に人気が集まった。四十七年三月にはディーゼル機関車と代わった。それまで活躍したＤ５１１７０号機が矢岳のＳＬ展示館に保管されている。

E10形・1E2過熱タンク機関車

老朽化したＥタンク機関車４１１０の代機として昭和二十三年（一九四八）に汽車会社で五両製造された。戦時中に作られた貨物用のＤ５２形のボイラーを利用した大型のタンク機関車で、トンネル内での煙害防止のため後向き運転を原則とし、運転操作機器（加減弁レバー）は炭庫側に取り付けられていた。また動輪が五組で軸距離が長く、曲線を通過しやすいように第二、三軸の車軸はフランジ無しとした。

新製後は奥羽本線で活躍したが同線の電化にともない昭和二十四年（一九四九）五月に人吉機関区に五両揃って転入。しかしボイラーの蒸気発生が過大で空転が多発し、さらに線路のカーブ地点での横圧がひどく補修に手を焼いた。つまり当線では不適当な機関車でその年の暮れには転出して行った。

人吉－吉松間で使用されたE 102号（山口雅宏撮影）

C10形・1C2過熱タンク機関車

都市近郊の牽引両数が少ない区間に使用するために昭和五年（一九三〇）、川崎車両、汽車会社で二三両製造された。従輪は二軸ボギー台車、ボイラー両側には細長い円筒形の「重見式給水温め器」が装備されたのが外見上の特徴。水槽もボイラー両側にあり、こぢんまりとした近代化された機関車であった。使用圧力は当時の大形機関車の一三～一四キログラム毎平方センチに対し、当初は一四キログラム毎平方センチであったが、後に一五キログラム毎平方センチに昇圧された。

昭和五年八月にＣ１０２２、２３の二両が熊本機関区に新製配置され、主に三角線で活躍していたが、十六年十月人吉機関区のＣ１１９０、９１と配置替えされた。

湯前線や入れ換えに使用され二十二年の中ごろ門司港機関区に転出したが、「重見式給水温め器」は撤去されていた。

C11形・1C2過熱タンク機関車

C10形の改良形として昭和七年（一九三二）九月から二十一年十一月にわたり、川崎車両、汽車会社、日立製作所、日本車両で三八一両製造された。

製造期間が長期だっただけに、平時から戦時、戦後と世相の変化で三種類に区分された。初期に製造されたのは「重見式給水温め器」を装備していたが効率が悪く、撤去された。外形の特徴はデフレクターが取り付けられ、特に戦争末期には金属不足のため木製となっていた。各地のローカル線の客貨車用や入れ換えに使用された。

人吉機関区には昭和九年の初めにC1148が新製配置され湯前線や入れ換えに使用された。十一年二月に、C1190、91の二両が新製配置され、48は転出した。この二両も十六年十月にC10の転入で押し出された形となり、人吉のC11配置は足掛け八年だった。

D50形・1D1過熱テンダ機関車

大正二年（一九二三）から昭和六年（一九三一）にわたり、川崎造船所、汽車会社、日立製作所、日本車両で三八〇両製造され、当時は9900形と称したが、昭和三年の形式改称でD50形となった。

給水温め器を煙室戸下に置き、また砂箱は丸味を帯びた角形となった点が特徴であった。人吉機関区のD50は珍しく、戦時中の昭和十九、二十年ごろD50231が一両配置され、矢岳越えにD51とともに活躍した記録がある。

（福井弘）

復活に賭ける「SL人吉」の足跡

平成二十一年（二〇〇九年）春、川線に復帰した「SL人吉」。この牽引機関車58654号の数奇な足跡をたどってみよう。

現役時代

形式8620形。大正十一年（一九二二）十一月十八日、日立製作所笠戸工場で製番六二番として落成。同年十二月二十日浦上機関庫（現長崎）に配属されて以降、若松・吉松・鹿児島・豊後森・吉塚・西唐津の各機関庫（後に機関区と改称）を経て、昭和四十三年（一九六八）六月一日人吉機関区に配置され、翌二日には人吉駅構内で入れ換え作業に従事、その後は湯前線の貨物列車や入れ換え作業等で活躍していた。国鉄の無煙化が進み、五十年三月九日に火を落とし、翌日から一休指定、同月三十一日工車達1609号で用途廃止となった。

展示への道

人吉市では教育的価値のある教材として当時の熊本鉄道管理局に貸与を申請した。当局も展示中のD51170号の保管状態が良好である点に注目し、申し入れを受諾した。さっそく人吉市では三月三日、矢岳駅構内の展示館の拡張工事を開始。完成と共に人吉機関区に保管中の58654号を同月十一日矢岳駅に回送。十五日に展示館に入館させ、六月に国鉄から市への引渡式が行われた。ドラマは数年後に始まった。

復活への道

昭和五十四年（一九七九）八月、山口線で国鉄蒸気機関車復活第一号として「SLやまぐち号」が運転開始された。六十二年に国鉄は民営化され、九州地区はJR九州（九州旅客鉄道株式会社）となった。同年七月に、JR九州社長と北九州市長の間で、門司港開港百年記念にSL復活の話が浮上。JR九州でもSLをということで復活が決定した。九州に多数展示されていた蒸気機関車の中で矢岳駅の58654号機に白羽の矢が立った。JR九州はこれを豊肥線で走らせたいと人吉市へ返還を申し入れたが、市では長年経費をかけて保管している機関車ということで反対した。

この後何度となく交渉が行われ、年に三回肥薩線に「ひとよし号」として運転することを条件に人吉市は承諾した。翌年一月七日に本体分解作業を開始、九日には重量物運送会社「上組」によって三台のトレーラーに積載。鉄工団地で二台のトレーラーに積み替え、十日に小倉工場へ到着した。

復旧工事

工場では十二日起工式を挙行。ＯＢを交えたプロジェクトチームを編成し、老朽化と腐蝕が発生しているボイラー・運転室・炭水車は新製することにした。炭水車は水容量を二㌧増しとし、重油併燃のため重油タンクを増設したので三〇㌢ほど高くなった。また大形デフレクターも小形に取り換え、さらにパイプ煙突は製造当時の化粧煙突に代わった。七月二日には火入れ式、同月二十一日に出場、担当する熊本運転所へ回送された。一方乗務員は山口線の「ＳＬやまぐち号」で乗務実習を行った。

　昭和六十三年（一九八八）七月二十六日、熊本－宮地間、翌二十七日には熊本－人吉間で単機試運転を行った。肥薩線では一六年ぶりに走った蒸気機関車であった。その後豊肥本線、熊本－宮地間で試運転が繰り返された。

展望室付客車

一方客車は、鹿児島車両所でオハ５０系三両をウエスタン調に改造した。観光地阿蘇で運転されるため、アメリカ西部の大平原に見たてたものだった。古風な二重屋根に列車前後の車両にはガラス張りの展望室を新設。二人掛けのクロスシートの間には木製のテーブルが付き、カウンターや天井扇はウエスタン調の雰囲気を出した。車体は窓から上はクリーム、下は茶色のツートンカラーに金色の線でアクセントをつけた。八月二十日に熊本運転所へ回送された。

矢岳でエールの交換

昭和六十三年（一九八八）八月二十二日には熊本－人吉間で基本編成によるお披露目運転が行われ、炭水車後面にメモリアルプレートが取り付けられた。翌二十三日は人吉―吉松間で運転。特に矢岳では展示しているＤ５１１７０号機と汽笛によるエールの交換を行った。

ＳＬ「ひとよし号」の活躍

七月十三日公募によって「あそＢＯＹ」の愛称が付けられ、人吉への運転はＳＬ「ひとよし号」と命名された。

肥薩線の初営業は、十月九日の人吉市のおくんち祭りに合わせ熊本－人吉間に運転された「ＳＬ人吉観光号」。十一月五日にも運転されたが、これが昭和年代の最後の

派手な色彩の機関車が牽引するSL「ひとよし号」（平成9年）

運転であった。

　順調な滑り出しではあったが、台枠は製造当時のままで、豊肥本線の急勾配では少々荷が重く歪みもでた。車軸の発熱、台枠側板に第三動輪の接触等もあり、年を追うごとに状態不良となっていった。平成六年（一九九四）八月十八日、豊肥本線立野スイッチバック付近で、列車通過後沿線火災が発生。原因は特定されなかったが、安全対策としてダイヤモンドスタックと呼ぶ、それこそ西部劇に出て来る機関車のような頭でっかちの不細工な火粉止め煙突に替えられた。これで列車全体がウエスタン調になったが、ファンからは歓迎されなかった。取り付け作業期間中はディーゼル機関車がピンチヒッターとして駆り出された。列車は九州各地のイベントでも活躍した。

苦闘する列車

年月を経過しますます不具合が発生、列車の途中打切りも出始めた。時にはディーゼル機関車に代わることもあった。晩年には列車後部にディーゼル機関車を併結し、苦しいながらも体面を保っていた。

　ＪＲ九州は本格的に大修繕を行うこととし、平成十七年（二〇〇五）豊肥本線と肥薩線で「お別れ運転」が行われた。肥薩線では八月二十一日「さよならＳＬひとよし号」として最後の運転、人吉駅では「お別れセレモニー」を開催した。郡市民は別れを惜しみ、山江村のボンネットバス「マロン号」が途中まで併走し、セレモニーを盛り上げた。

復旧修繕工事

　小倉工場に入場した５８６５４号は解体され、問題の台枠は、かつての日立製作所で新製。使用可能な部品は再利用し、かなりの部品はメーカーや町工場に外注した。平成二十年（二〇〇八）十一月十日にはボイラーと新しい台枠が組み上がり動輪の車入れも完了した。

　十二月十六日、ＪＲ九州石原社長、田中人吉市長を始

め、関係者が見守るなか新しいボイラーへの「火入れ式」が無事行われた。煙突の形状は回転式火粉止め付きの化粧煙突。「あそＢＯＹ」の〝洋〟に対し「ＳＬ人吉」の〝和〟と正反対のスタイルとなった。球磨川の風景に溶け込んで長く活躍することを期待している。（福井弘）

肥薩線のトンネル・橋梁群

肥薩線のトンネル群

肥薩線は、八代駅を出ると球磨川に沿って人吉へと向かう。八代－人吉間は球磨川沿いに進むため「川線」、人吉から先は「山線」と呼ばれてきた。球磨川沿いの川線は、両岸とも山が迫った狭い山裾の河岸を通る線路であり、山線はその名の通り山の中の線区である。肥薩線はすべて山の中であるといっても過言ではなかろう。

　川線の八代－人吉間五一・八キロの間に開業時には二三カ所のトンネルが掘られた。その後、球磨川の豊富な水力を発電に利用するため、瀬戸石駅の近くに電源開発株式会社がダムを造ったときに肥薩線の一部を山側に移動させたので、高田辺トンネルが一つ増え、二四カ所となった。二・二キロに一カ所である。

　一方、山線の人吉－矢岳間一九・九キロ間のトンネルは一〇カ所で二・〇キロに一カ所であり、矢岳－吉松間一五・一キロには一一カ所のトンネルがあり、一・四キロに一カ所である。人吉－吉松間を通しても平均一・七キロに一カ所のトンネルがある。まさにトンネルを出ると駅といえる。

　戦争を意識しての路線選定が、険しい山岳ルートを選ばせることとなり、当時の蒸気機関車の能力から、水平な駅ホームを確保するため、スイッチバックと駅ホームの組み合わせや、ループ線による勾配の緩和等、建設には当時の鉄道建設技術の粋を結集させた。しかし、この険しい山岳ルートを選んだため、建設工事は多くの困難をともなった。

　現在では、大型プロジェクトが完成すると、企業者、施工者とも、その記録を工事誌等として残すことが多いが、肥薩線が建設された明治末期には、まだそのようなことは行われず、個人的な記録として残るくらいであった。鉄道工事の建設記録が公式に残されるようになったのは、大正時代に入ってからである。

　ただ、日本の鉄道全般を管理した鉄道作業局と、その後を引き継いだ帝国鉄道庁、鉄道院は、毎年、前年度の鉄道事業全般について、監督責任者である逓信大臣あるいは内閣総理大臣へ年次報告書を提出しており、その中に断片的に工事の状況を記している。この年次報告書は当時の数少ない貴重な資料である。それに肥薩線建設が非常に難工事であるという記述が随所に見られる。特に人吉－吉松間では資材運搬、石材、煉瓦等の資材の確保、未熟練作業員の確保には大変な苦労をしたことが記されている。

　八代－坂本間のトンネル工事は五カ所あるが、高除、生名子、和田山の三トンネルは堅岩で掘削は困難だったことが年報に残っている。坂本－渡間のトンネルのうち、瀬比良山トンネルは延長わずか一八六・一メートルであるが、山が球磨川の河岸に迫った地形で、トンネル前後の切り取り個所が二度も崩壊したので、設計変更をし、一部を鉄道作業局直営で施行している。告トンネルは八代－人吉間で最長の八六九・〇メートルのトンネルで、直営で施行したが地盤が堅く、掘削に苦労したようだ。また坂本－渡間には工事用の石材が少なく、その他の工事用材料の運搬も船か牛車によるしかなく、工事進捗に影響を与えた。

　人吉－吉松間の建設工事では、請負者が矢岳を迂回する約一九キロの仮設の軽便軌道を設置した矢岳第一トンネルは特別として、仮設道路を作り、あるいは軽便軌道を設置して、建設資材を運搬した。一部には牛馬や人の背で運ばねばならない個所もあり、苦労したと鉄道作業局の年次報告に記されている。

　トンネル掘削・側壁の覆工、橋梁工事等の熟練工の確保は、工事請負業者にとって工事の成果を左右する大きな要素であるため、現在と同じように、請負業者が連れて移動していたようであるが、材料運搬、その他のための未熟練の労働者は現地で雇用していた。住民が少ない人吉－吉松間の建設工事では、未熟練労働者が不足して、本書の「肥薩線の歴史」にあるように、中国や朝鮮から労働者を連れてきて工事にあたらせた。

　建設資材については、トンネル覆工や橋台・橋脚の煉瓦、石材の確保は重要な課題であり、石材は工事現場近くで確保したが、工区によっては良質の石材が無く、遠

名称	上下線別	延長（m）	線形・曲線半径	側壁等材質	地質	竣工年
①宮松	単線	231.4	R＝300、直線、R＝300	煉瓦、コンクリート、石	砂岩	明治41年
②高除	単線	462.7	R＝480、直線、R＝300	煉瓦、石	頁岩	明治41年
③草懸	単線	114.7	R＝300	煉瓦、石	頁岩	明治41年
④生名子	単線	120.7	R＝260	煉瓦、石	砂岩	明治41年
⑤和田山	単線	186.1	R＝300	煉瓦、石	砂岩	明治41年
⑥藤本	単線	472.7	R＝300、直線、R＝300	煉瓦	砂岩	明治41年
⑦葉木	単線	200.2	直線、R＝300	煉瓦	砂岩	明治41年
⑧鎌瀬	単線	371.7	R＝280	煉瓦	粘板岩	明治41年
⑨瀬戸石	単線	98.6	R＝260	煉瓦	凝灰岩	明治41年
⑩高田辺	単線	395.0	直線	コンクリート	頁岩、硬砂岩、砂岩	昭和31年
⑪第一箙瀬	単線	60.4	R＝300	煉瓦	粘板岩	明治41年
⑫第二箙瀬	単線	37.2	直線	煉瓦、石	粘板岩	明治41年
⑬第三箙瀬	単線	140.8	直線、R＝300	煉瓦、石	粘板岩	明治41年
⑭瀬比良山	単線	186.1	R＝300、直線、R＝300、R＝300	煉瓦、石	粘板岩	明治41年
⑮小口	単線	269.6	直線、R＝300	煉瓦、石	石灰岩	明治41年
⑯鵜之巣	単線	349.0	R＝300	煉瓦、石	石灰岩	明治41年
⑰告	単線	869.0	直線	煉瓦、石	石灰岩	明治41年
⑱舅落	単線	141.8	R＝400	煉瓦、石	石灰岩	明治41年
⑲八重尾山第一	単線	80.5	R＝300	煉瓦	砂岩	明治41年
⑳八重尾山第二	単線	210.0	直線、R＝300	煉瓦	砂岩	明治41年
㉑八貫	単線	308.8	直線、R＝260	煉瓦、石	頁岩	明治41年
㉒舟木谷第一	単線	162.9	R＝240	煉瓦、石	頁岩	明治41年
㉓舟木谷第二	単線	145.8	直線、R＝300	煉瓦、石	頁岩	明治41年
㉔城山	単線	257.5	直線	煉瓦、石	砂岩	明治41年
㉕水無第一	単線	201.2	R＝300	煉瓦、石	安山岩	明治42年
㉖水無第二	単線	235.4	R＝300	煉瓦、石	安山岩	明治42年
㉗立石第一	単線	140.8	直線	煉瓦、石	安山岩	明治42年
㉘立石第二	単線	88.5	R＝300	煉瓦、石	安山岩	明治41年
㉙横平	単線	502.9	直線、R＝400	煉瓦、石	安山岩	明治42年
㉚大谷	単線	96.6	R＝300	煉瓦、石	凝灰岩	明治42年
㉛大野第一	単線	321.9	R＝300	煉瓦、石	凝灰岩	明治42年
㉜大野第二	単線	309.8	R＝300	煉瓦、石	凝灰岩	明治42年
㉝大野第三	単線	90.5	R＝400、直線	煉瓦、石	凝灰岩	明治42年
㉞大野第四	単線	285.7	直線	煉瓦、石	凝灰岩	明治42年
㉟矢岳第一	単線	2,096.2	R＝300、直線、R＝390	煉瓦、石	安山岩	明治42年
㊱矢岳第二	単線	142.8	直線	煉瓦	安山岩	明治42年
㊲矢岳第三	単線	131.2	R＝400	煉瓦	安山岩	明治42年
㊳踵蔓	単線	492.9	直線	煉瓦、石	安山岩	明治42年
㊴中竹	単線	210.2	R＝300	煉瓦、石	チャート	明治42年
㊵後平	単線	201.8	R＝400	煉瓦、石	安山岩	明治42年
㊶山神第一	単線	169.0	R＝300	煉瓦、石	玄武岩	明治42年
㊷山神第二	単線	617.7	直線、R＝450、R＝400、R＝350、R＝330、R＝220	煉瓦、石	玄武岩	明治42年
㊸松尾	単線	120.7	R＝600、直線	煉瓦、石	玄武岩	明治42年
㊹丸塚	上下	140.8	直線	煉瓦、石	輝石、安山岩	明治42年
㊺永迫	上下	261.5	直線、R＝306	煉瓦、石	輝石、安山岩	明治42年

肥薩線のトンネル群一覧表（①～㉔は八代－人吉間、㉕～㊺は人吉－吉松間。全て道床材料は砕石、断面形状および構造は馬蹄形アーチ）

くから運搬せねばならず、苦労した記録がある。また、煉瓦は沿線に何カ所か製造所を設けて供給したようであるが、人吉－吉松間の製造所では供給が間に合わず、大阪・堺から取り寄せたことが記録されている。

　このように苦労して施工した肥薩線のトンネルも、八代－人吉間では道路が近く、容易に近づいて観察できるものが多いが、人吉－吉松間のいわゆる山線では、近寄ることが難しいものが多い。トンネル断面の形状は馬蹄形アーチで、覆工（トンネル内部の側壁）は煉瓦積みや、煉瓦積みと石積みのものがある。例外として高田辺トンネルは昭和三十一年竣工で坑門、覆工ともコンクリートである。坑門上部に扁額があるのは矢岳第一トンネルのみであるが、その他のトンネルの坑門も、それぞれの工区によってデザインが決まっていたのであろうか、列車の最前部、あるいは最後部に乗車して、トンネルのいろいろな顔を見るのも、楽しみである。

　日本の鉄道建設は主にイギリス人技術者の監督指導で行われた。日本最初の鉄道トンネル工事は当時の東海道線、京都－大阪間の石屋川トンネルである。イギリス人ジョン・ダイアック、ウィリアム・ロジャース等の指導、監督のもとに施行された延長六一メートルの開削トンネル（横から掘るのではなく、地下鉄工事のように上から掘って、トンネルの躯体を作った後、埋め戻す工法）で明治四年（一八七一）竣工した。

　その後、明治十一年（一八七八）十月、大津－京都間に日本人技師のみによる鉄道トンネル、逢坂山トンネル、延長六六四・七六メートルが起工され、明治十三年（一八八〇）六月一日完成した。わが国には金山、銀山等の坑道の開削や、農業用水路のトンネル掘削等のトンネルに関する在来の技術が存在していた。これらの技術を受け継ぐ工夫を動員したとされている。その後もトンネルの設計などはお雇い外国人が行ったが、次第に技術者も育成されていった。

肥薩線の橋梁群

　肥薩線の八代－吉松間には球磨川とその支流、その他の河川や、小水路、道路を横断するための大小、多くの橋梁が存在する。その形式も、球磨川横断のための三つの大きなトラス橋をはじめ、デックガーダー、槽状桁、コンクリート単桁、カルバート、あるいは幅二〇～三〇センチの小水路でレールを組み合わせたレール桁があり、材料も鉄鋼、コンクリートといろいろである。開業時に建設されたもの、その後、新たに建設されたもの、橋台・橋脚等の下部工は開業時に建設されたものを使い、上部工は経年で老朽化し架け替えられたものもある。完成年は新しいが、下部工が煉瓦、あるいは石造のものも多く存在する。これらは、開業時に建設された橋梁の上部工を架け替えたものと推測できる。

橋梁についても最初、英国人技術者の指揮監督のもと進められたが、機関車重量が大きくなり従来の設計では橋梁の強度が不足するようになったので、明治三十一年、米国人のクーパー、シュナイダーの二人に設計を依頼し、クーパー型トラスと呼ばれる標準タイプを制定した。

ガーダー橋については、英国人技師ポーナルや米国人技師クーパー等の教育指導で、日本人技師が育ち、明治三十五年には米国ペンコイド社の基準によって杉文三技師が、径間二〇フィート（六・一メートル）〜八〇フィート（二四・四メートル）を設計し、標準桁として採用された。鹿児島－吉松間のガーダー橋は主にポーナルの設計したものが用いられたが、八代－吉松間のガーダー橋では主に杉文三設計のものが用いられた。

鎌瀬駅を出ると間もなく球磨川を横断する球磨川第一橋梁と、那良口－渡間で球磨川を横断する第二球磨川橋梁は、球磨川を斜角六〇度で渡るため、橋台や、橋脚部分が川と平行になるように設計されている。端柱の一方が垂直で、もう一方は斜めであるトランケーテドトラスと呼ばれる形式のトラス橋で、橋長六二・七メートル（橋の支間二〇〇フィート）の単線下路曲弦プラットトラス二連と、二五・四メートルの単線上路プレートガーダー三連である。このトラスは部材連結をピン構造としていること、引っ張りを受ける部材と圧縮を受ける部材とでは断面形状をまったく違う形としているという特徴を持っている。引っ張りを受ける部材は両端に目玉をあけた帯鋼（アイバー）を使っているためスマートな外観。アメリカンブリッジ社製である。

斜角六〇度、橋長六二・七メートルのトランケーテドトラスは、明治三十九年六月、中央線岡谷－川岸間の第一天竜川橋梁に用いられたのが第一号で、それに続く第二号、第三号である。全国で五橋七連が架設されたが、現存するのは球磨川第一橋梁と、第二球磨川橋梁の二橋四連のみ。球磨川第三橋梁はピン結合のクーパー型の六二・七メートル下路曲弦プラットトラス二連が架かっていたが、上部のトラス橋は昭和五十二年に架け替えられた。直接基礎の橋台と井筒基礎の橋脚は現存する。

　ピン構造はピンの部分にガタが来やすく保守に苦労するということで、その後に架設されたものはリベット結合に切り替わった。現存するこの二つの橋も部材の耐久力のチェックには細心の注意を払っていると聞いている。

　球磨川第一橋梁、第二球磨川橋梁の二橋に使用されている二五・四メートルの単線上路プレートガーダー三連は日本人技師杉文三の設計になるものである。

　肥薩線は建設して二〇年ほどで、海岸沿いに海線と呼ばれる鹿児島線（現肥薩おれんじ鉄道）が建設されたことにより、主要幹線から外されて地方線となった。そのため、複線化、電化等の近代化の対象とならずに、明治の末に建設された構造物が動態で残っている。生きた産業遺産として、このままの状態で大事に後世に伝えたい。

（姫野照正）

わが人生の肥薩線――鉄道マンOB、大いに語る

鉄道退職者で構成する「鉄道観光案内人の会」の方々に肥薩線の思いを語ってもらった。SL復活で急増が予想される観光客に、鉄道遺産の魅力をガイドしようと熱意を燃やすベテランたち。本稿はそのざっくばらんな語りからの構成である。

高木正孝（七九）駅務関係、免田駅長、八代駅助役
立山勝徳（七三）人吉機関区機関士、現人吉市議
尾崎正博（六二）保線関係、熊本支社構造物検査センター助役
服部克彦（七一）人吉機関区機関士、同助役
岡本勝男（六八）人吉機関区機関士、気動車運転士、JR西日本新幹線運転士
（順不同、敬称略）

——肥薩線は開通から一世紀。皆さんは国鉄からJRへと大転換する時代を中心に鉄道マンとして活躍されました。文字通り同線とともに生きてこられたわけで、喜び、悲しみ、さまざまな思いがあるはずです。まず、今日お集まりのいきさつからお聞かせください。

立山　平成十八年十一月に肥薩線の駅舎、トンネル、橋梁、スイッチバック、ループ線、それに保存されているD51型蒸気機関車（SL）など一九点が一括して近代化産業遺産群に指定されました。これらの鉄道遺産群をぜひ観光振興に役立てたい、そのためにはOBが結束してあたらねば、と二十年二月に人吉観光案内人協会の一部門として立ち上げたのが、「鉄道案内人の会」です。鉄道はいろいろな職種からなり、自分が携わったこと以外は案外知らないものです。そこで見学会を開いて多角的に案内できるよう勉強したり清掃活動を行ったりして二十一年四月のSL運行に備えているのです。

高木　その活動の一環ですっかり忘れ去られていた矢岳駅の石積み給水塔を発見、周辺の竹林を切り払ってすっきりさせたり、ホームに台座だけ残っていた朝顔形の噴水手洗い鉢を復活させたりできました。二十年十月十四日の鉄道の日を意識、一日前に完成させたのです。大畑駅にはずっと朝顔型の鉢が残っていますが、乗務員もお客も停車時間にばい煙で汚れた顔や手を洗っていた時代をほうふつとさせる貴重な鉄道遺産です。

——肥薩線といえばSL全盛時代の印象が強烈です。どんな形式がいましたか。

高木　私は昭和四年生まれ。家が機関区の横だったので小さいころから見て育ちました。物心ついたころは大正生まれの4110型が主役でした。動輪が五組あって山線専用のいかにも力強い感じ。4110ではないが第二次大戦終戦間際の米軍機空襲で何台か被害に遭い、二十二、三年ごろまで真幸駅に留置されていましたよ。その後、やはり動輪を五組持つE10型が人吉に配置されましたが、あまり評判がよくなく、すぐ他局に異動したようです。

立山　E10は脱線が多かったと聞いたことがあります。私が昭和三十三年から人吉の機関士として最初に湯前線（現くま川鉄道）や川線で乗務したのは8620型。九台いましたな。平成二十一年四月に復活した「SL人吉」は「あそBOY」として活躍していた58654。

肥薩線や湯前線で活躍した一台です。ほかに山線が主な舞台のD51、後にはC55や57型もいました。人吉のD51は燃焼効率を上げるために重油併燃装置とトンネル内で煙の流れを変える集煙装置を持ち、重量感あふれるスターでした。SLは電気や軽油で走る近代車両と異なり、自分で蒸気を作って動く外燃機関。機関士と機関助士がピッタリ連携しないと仕事にならんだったですね。

岡本　SLは保守点検が大変。掃除、外回りの磨き、さび止めなど、手が抜けない。特に石炭の燃焼効率が落ちるボイラー内の煙管の詰まりには気を使いましたね。夕方区に帰って火を落とす、まだ高熱の時に扉を開けて煙管や煙室のシンダーを掃除する。朝は次の仕事が待っているから七、八時間で終了せねばならない。でもそんな苦労を重ねながらSLの構造をしっかり勉強したもんです。ディーゼルより格段に苦労しました。

高木さん(上)、立山さん

服部　機関区に就職すると庫内手を一年以上やってそんな基本を覚える。門司の教修所で機関助士の試験に通り、二級ボイラー技師の資格を取ったら人吉に帰ってくる。大体三カ月かかりましたね。それで初めて助士見習いとなり、投炭訓練をやっていたようです。

立山　一口に投炭といってもこれがけっこう難しい。火が燃えるところに満遍なく石炭を投げるのでなく、手前に厚く、しかもタイミングよくやらんと、効率よく燃えちゃくれんのです。

岡本　投炭練習はきつかったですね。片手でショベル二〇〇回、決められた範囲に投げる。そして決められた一六か所が規定通りの高さになっているかを計る。それに合格して初めて助士になれるんです。

服部　8620型は片手ショベルですが、D51は両手で投炭します。上り勾配などそれこそ息つく暇なんてない立て続けの作業。特に夜の列車は大変でした。真っ暗いなか、扉を開けて、がんがん燃えている状態を見な

服部さん（上）、岡本さん

がら石炭を投げ込む。お天気の時に太陽を眺めて視線をそらすと、周囲の色がわからんようになるでしょう。あれと同じで目をやられるんです。一瞬、信号機が何色かわからんのはしょっちゅう経験しました。

立山　肥薩線は他の線に比べ、とにかくトンネルが多い。川線だけで二四もあります。高田辺トンネル以外は開通当初から現役の立派な産業遺産です。トンネル内で煙を出すのはご法度ですから、助士はその前に十分蒸気がたまるように気を遣いました。

岡本　助士からすればうまい機関士と乗りたい。阿吽の呼吸というのか、息がピッタリ合ってないとSLはなかなかうまく走ってくれません。気難しい機械ですよ。

立山　二カ月、四カ月、六カ月といったサイクルで機関士と助士の組み合わせが変わる。人吉の場合、機関士になったばかりなら丙組といって川線、上達すると乙組で川線と山線両方、ベテランの甲組はもっぱら山線を担当していました。

高木　山線はベテランが多かったなあ。五五歳まで山線の機関士一筋で退職、そう長くならぬうちに亡くなった人もいてね。SLは眺めるのにはかっこいいけれど、乗務員はずいぶん体を酷使し苦労も多かったはずですよ。

岡本　特に貨物列車は夜間が多かったから、苦労も相当なものでした。ボイラーの水位を注意するのも助士の役目。山線は大畑、矢岳と勾配が続くので力行運転ばかり。特に気を遣ったもんです。

――機関車には一台ずつクセがあったと聞いたことがあります。人吉でもそうでしたか。

立山　助士にすれば蒸気の上がりがいいのがありがたいし、機関士は空転しやすいSLはなるべくなら敬遠したい。とにかく山線は空転との闘いでしたから。

岡本　人吉のD51では「イチマルゴーハチよか男」といって1058号が一番好まれました。

服部　矢岳に産業遺産として保存されている170、

これはSLさよなら運転の時に、ヘッドマークをつけて先頭に立った機関車ですが、運転しやすかったし、890も評判よかった。1151は軽くて空転しやすかった。とにかく一台ずつ個性的でしたなあ。

立山　D51は川線の八代－人吉間なら八五〇トン引ける能力がある。それが山線の人吉－矢岳間は二六〇トンに落ちる。人吉止まりの貨車を切り離しても二台の機関車が必要になる。重連といいますが、よそと違って列車の前と後ろにつないでいたのが山線の特徴でした。押し上げてしまうと切り離し、人吉に単機回送するのに都合がいいからですね。

尾崎さん

服部　8620型は座ったまま加減弁を引けたが、D51になると立って引いてました。私は小柄ですから届かんのです。実は親父も機関士で、昭和五十年ごろ助士としていっしょに乗務、新聞に載ったことがあります。規則では遠方信号など機関士と助士で確認、喚呼応答せねばならんのですが、親父の時は知らん顔しとった。

――列車が走る線路や、鉄橋、トンネルなども産業遺産に指定されましたね。

尾崎　山線、川線とも第一級の遺産ぞろいです。トンネル、橋梁、線路などの保守、修繕は列車の合間をぬって行うから、当然、夜間作業が多くなります。監督する立場になったら駅と綿密な打ち合わせをやって現場に向かう。真っ暗な中を一人で出かけるのは気持ち悪いから、作業員といっしょに出かけたものです。車のライトに驚いてウサギが走るなんてよくありましたな。

高木　保守点検の仕事は本当に縁の下の力持ち。鉄道ファンはとかく車両ばかり目が行きますが、線路や鉄橋がきちんとしてないと決して走れんわけですからね。

尾崎　トンネルには泣かされました。一〇〇年前の煉瓦造りでしょう。特に山線の矢岳第一は漏水防止に追われた。線路両脇のほか、中央にもう一本水を流す排水溝があるくらい水漏れが激しい。冬の夜間作業など、明け方帰るころにはツララが下がっており、それを落とすのがまた一苦労でした。きちんとやっとかんと始発列車に打ち当たりますもん。

高木　機関士もそうですが、土木や保守関係の人は何キロ地点で事故があったとか、土砂崩れ発生と聞くと一帯の様子がパッとひらめくそうです。さすが、プロと思います。

尾崎　昭和五十年代終わりごろの二月でしたな。球磨川第一橋梁の橋脚補修をしました。あそこは水深一〇㍍ぐらい、川底部分が流れのためにえぐられるんです。蛇篭を沈め、潜水夫をもぐらせて生コンを注入しました。霜が真っ白。もちろん夜間作業です。一〇〇年前の遺産もこまめに手入れしているからこそ現役で活躍できるんです。

――肥薩線の歴史では、第二次大戦直後に起きた山神第二トンネルの悲劇が忘れられません。

尾崎　あのトンネルは内部がSカーブになっています。一世紀前の技術に限界があったのか、測量か工事のミスなのか両側から掘り進めたら食い違ってしまったそうです。列車とトンネル内壁が触れはしないかというくらいくっついている個所もある。そんなところで列車が立ち往生したのですから、息苦しさから逃がれようと飛び降りた人たちの多くが犠牲になったのでしょう。ここでは、工事や作業に当たる前に、焼酎と塩を備え、手を合わせるのが慣わしでした。

服部　運転する側にとっても難所の一つでした。水はよく出るし、機関車はしょっちゅう空転していたし……。

高木　よくまあ一〇〇年前にこんな場所に線路を引いたものと、山線は川線以上に感心させられますね。ループやスイッチバックなど、当時の技術の粋を集めてあり、線路そのものが産業遺産として認定されたのは当然でしょう。

服部　昭和四十三年二月二十一日、えびの地震が発生した時、混合列車を引いて矢岳から真幸に向かっていました。下り勾配だから気は楽。途中で、沿線の樹木の雪がいっせいに花が散るように落ちる。機関士と「わあ、きれいかなあ」なんて話しながら、真幸に着いたら、駅員が駆け寄ってきて「先には行けない」という。そこで初めて地震を知りました。えびのが震度六、人吉でも五だったんです。列車も相当揺れたはずだし、地盤沈下もみられたというのに、何事もなかったように真幸まで走った。線路の作りがいかによかったか、いま考えても大した土木技術に支えられている線だと思いますよ。

立山　あの時は、何日も動かれんだったんじゃなかったかね。

服部　いつ開通するかわからん、と言われたが、結局私たちの列車はまる一日の足止めで済みました。震度六がたった一日で動けたのですから驚異的。ＳＬは水を補給しなければならない。しかし、真幸には給水施設がない。仕方がないから駅舎の水道からゴムホースを長く引っ張って給水しました。あの大きいＤ５１のタンクにホースでチョロチョロ入れるのだから、相当な時間がかかったはずですね。

尾崎　列車が動かんとなれば、食事なんかの手配はどうしたんですか。

服部　当時、真幸駅一帯はちょっとした集落で店なんかもあったから、そのあたりの世話になったのではなかったろうか。それよりも客車に乗っていた婦人が産気づかして大ごとしたとば、よう覚えとります。大人の膝あたりまで雪があった。駅前の家から戸板を借りてきてかつぎこみ、近所の人たちの世話で無事生まれました。真幸から一字とって「幸子」て名づけらしたと聞いとります。震度六の直後でも、困った時はお互いさま、とみんなが助け合う美風があったとですね。今なら新聞やテレビの話題になるところばってん、全く知られとらんはずですよ、この話は。

――鉄道は人の流れ、物資の動きに大きい役割を果たしたわけですが、高木さんは駅務一筋でそのあたりをじっくり見てこられたのですね。

高木　この五人の中では私が一番早く昭和二十二年に人吉駅手に採用され、雑務からスタートしました。電信掛に昇格したが、連絡はすべて電信の時代。人吉は駅だけでなく、機関区、保線区、それに国鉄バスなども含めて八系統分を取り仕切っていましたから大変でした。電信掛は出札も兼務でしたから。助役試験に通ったら熊鉄局経理部審査課で検簿員として発売した切符と回収したものが間違いないかチェックする担当を長くやりました。

立山　私たちの現役時代は利用客もずいぶん多かったですからねえ。

高木　青井神社の祭り、花火大会の時など、切符を売るのにてんてこ舞い。ディーゼルの「くまがわ号」が走り出したころも大人気。ずらりと行列ができる。どうしてもさばけず発車時刻になり、無札で乗っていただくこともよくありました。そんなことが重なって人吉駅の出札掛が二人になったほどです。最後は免田駅長や八代の助役をやりましたが、そのころは団体募集に奔走。「SLやまぐち号」のお座敷列車の団体とか、新春の宮地嶽三社参りなどなど、乗っていただくためにいろんな苦労をする時代に変わっていました。

岡本　戦後しばらくの貨物の状況はどうだったですか。

高木　人吉は物資の集散地でしたが、戦後は特に材木がよく出ましたね。巨木がウインチでチキという貨車（長物車）に積み込まれ、筑豊の石炭産業を支えた坑木の松も多かった。米、木炭、家畜も目立ちました。入ってくるのは日用品や雑貨。長崎発の白い冷凍車が貨物列車の中に組み込まれているのを見ると「あ、今日は久しぶりにブエンが食えるぞ」なんて話していました。もちろん鉄道輸送全盛の時代、塩ものでない海の魚が食べられるのは人吉の人間にとって実にうれしいニュースでしたなあ。

――話は尽きませんが、最後にこれからの肥薩線への思いなどをお聞かせください。

立山　肥薩線は私たち鉄道マンの人生そのもの。車両も設備も黙々と働き続けてくれたものと感謝します。それが近代化の産業遺産として脚光を浴びるのは本当にうれしいし、誇りでもある。当然、これからも肥薩線は新しい歴史を刻むわけだし、私たちがそのよさを末永く語り伝えていきたいと思います。

高木　日本が高度成長を遂げた時代、人吉から関西方面へ集団就職者を乗せた臨時列車がたくさん走った。もちろんSLの引く列車です。涙ながらにホームで見送ったのが、つい昨日のような感じがします。その人たち、団塊の世代がもう第一線を退く時代になっている。SLで人吉を後にしたこれらの人たちに、今度はSL列車で人吉に凱旋してほしいと思います。ふるさとはいつまでも温かいですよ、と伝えたいですね。

全員　同感。鉄道のOBとして、おもてなしの心を十分発揮しながら案内ができるよう、みんなでさらに勉強を重ねましょう。

（司会・構成　中村弘之）

肥薩線各駅の顔（駅名、八代からの距離、開業年）

八代（やつしろ）　〇・〇　明治二十九年十一月

肥薩線としての営業開始は明治四十一年六月一日だが、九州鉄道としては明治二十九年開業。ただ、当時の場所は現在地より一㌔以上西寄り。旧鹿児島本線だった「肥薩おれんじ鉄道」に駅舎の一部を貸与。同鉄道は快速「スーパーおれんじ号」を熊本まで乗り入れるほか、七往復を隣の新八代まで延長運行、新幹線との連絡を密にしている。ホームに立つと隣接した日本製紙八代工場の威容が目に入る。駅前から八代城跡、松浜軒、妙見神社などへの路線バスも発着している。

段（だん）　五・二　昭和六年四月

球磨川堤防脇に設置されている無人駅。

坂本（さかもと）　一一・〇　明治四十一年六月

八代市役所支所など地域の核となる施設が一帯にある。もともと、どこへ行くにも坂や谷を越えねばならないというのが地名の由来とされるほど平地は少ない。かつて引き込み線があった西日本製紙の工場も駅とは山を隔てた谷あいで操業していた。

葉木（はき）　一四・四　昭和十七年十二月

仮乗降場として開業、昭和三十年、下流寄りに荒瀬ダムが完成して美しい水をたたえた風景が出現した。ダム湖ではボート競技が行われることもあったが、近年、老朽化に伴いダム存続か撤去かの論議が繰り広げられている。

鎌瀬（かませ）　一六・八　昭和二十七年六月

球磨川第一橋梁で左岸へ渡る直前の無人駅。

瀬戸石（せといし）　一九・六　明治四十三年六月

昭和四十年と五十七年に球磨川の洪水で駅舎を流された受難の歴史を持つ。無人駅だが、列車の交換ができる。上流に瀬戸石ダムが建設された際、次の海路駅までは高田辺トンネルを通る新線に引き直されている。

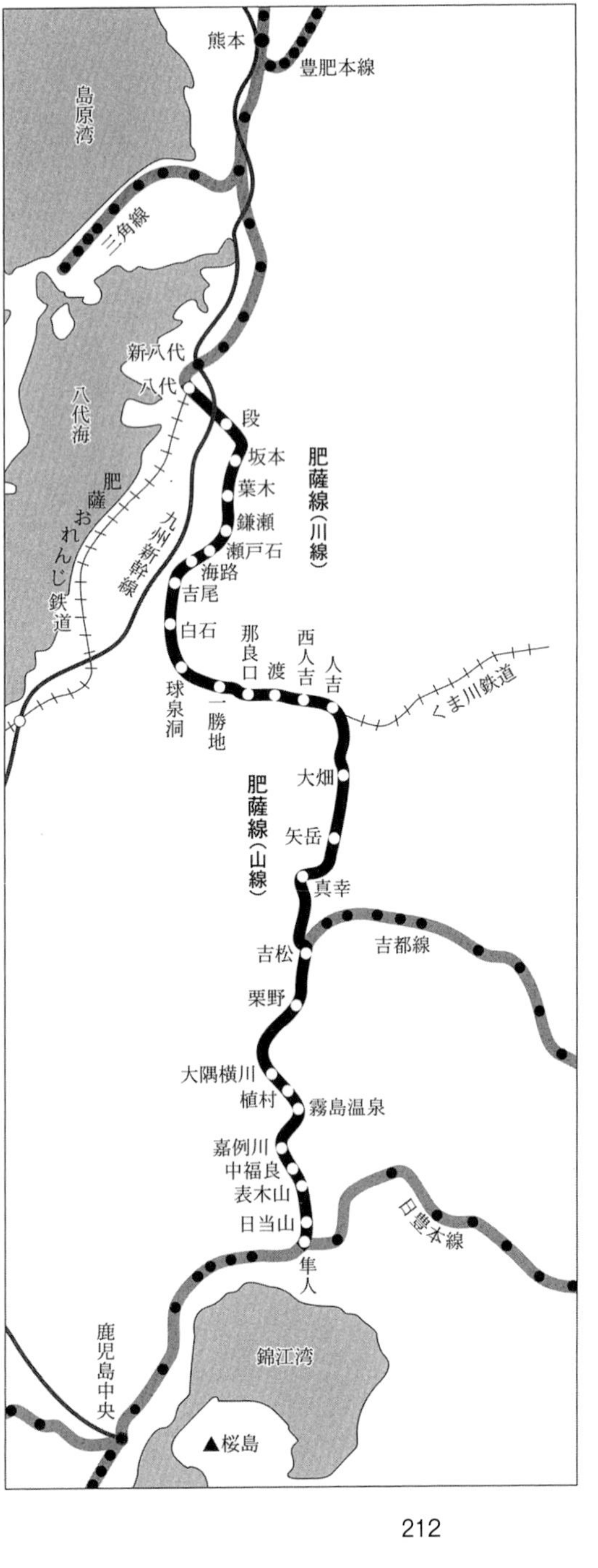

海路（かいじ）　二三・五　昭和二十七年六月

当初から無人駅で、ディーゼル列車しか止まらなかった。ここから吉尾にかけた沿線の桜、菜の花などと列車が水面に映る姿は、対岸でカメラを構えるファンの心をとらえる。

吉尾（よしお）　二六・七　昭和二十七年六月

一方は山、一方は川の無人駅。吉尾温泉の最寄り駅。

白石（しろいし）　二九・八　明治四十一年六月

駅付近では昭和四十年ごろまで採掘が行われていたほか、球磨川対岸の球磨村神瀬も含む一帯に石灰石が多いのが地名の由来。「九州横断特急」や「くまがわ」は通過するが、「SL人吉」は停車する。

球泉洞（きゅうせんどう）　三四・九　昭和十七年十二月

仮乗降場として開業、二十二年三月一日に大坂間《おおさかま》駅に昇格した。九州最大の鍾乳洞・球泉洞の最寄り駅ということで、昭和六十三年三月十三日に現駅名に改称した。谷あいのこの駅からは一キロほど歩いたあと対岸に渡り、さらにリフトで上る。

一勝地（いっしょうち）　三九・八　明治四十一年六月

鎌倉時代に地頭職を勤めた一升内氏にちなむ地名とされる。開通当初からの駅だが、昭和五十五年夏、「まず一勝」に掛けた入場券が甲子園児のお守りとして取り上げられて以来、縁起のよさで全国的に知られる。駅近くの流れはいくつもの瀬を作り、川下り舟の船頭にとっては腕の見せ所。急流球磨川の名に恥じない一帯だ。

那良口（ならぐち）　四二・四　明治四十三年六月

貨物駅として開業。旅客取り扱いは大正二年三月十一日から。球磨川支流の那良川沿いにはかつて森林軌道もあったといい、豊富な木材が集まっていた。

渡（わたり）　四五・三　明治四十一年六月

八代からの列車が再度右岸に戻った最初の駅。駅に近いところに川下り短距離コースの着船場がある。人吉盆地の西端にあたり、車窓風景も広がりを見せ始める。

西人吉（にしひとよし）　四八・四　昭和二十七年六月

地元の要望でできたホーム一面の請願駅。八代寄りの切り通しは桜並木を形成し、満開時に通る車窓はぱっと明るくなる。観光ポスターや鉄道雑誌にもよく登場する人気スポット。海棠《かいどう》の花で知られる石水寺は徒歩約一五分。

人吉（ひとよし）　五一・八　明治四十一年六月

熊本や八代からの下り列車、吉松方面からの上り列車すべての終着駅。川線として開業した当初から機関区などが置かれた要衝だ。旧湯前線のくま川鉄道分岐駅でもある。人吉は豊富な温泉、静かなたたずまいから「九州の小京都」とも呼ばれる。旧相良藩の城下町で、旧市街地北西端に位置する駅舎や駅前にあるからくり時計からも一部お城の雰囲気が伝わる。平成二十年、国宝に指定された青井阿蘇神社は駅から徒歩五分の至近距離。駅舎の一部を借用しているくま川鉄道は二十一年四月、「人吉温泉」駅と改称した。

大畑（おこば）　六二・二　明治四十二年十一月

当初は信号場。十二月二十六日から一般運輸営業を開始。ループ線の中にあるスイッチバック駅として全国的に知られる。古い木造駅舎のほか、石の給水塔、ホームの手洗い鉢など蒸気機関車全盛時代をしのべる遺構が多い。「こば」は焼き畑の意味で、昔は焼き畑農業が盛んだったことを表わす。近くには広い梅園もあり、早春の観梅や初夏の収穫時はにぎわう。

矢岳（やたけ）　七一・七　明治四十二年十一月

信号場から一般駅への変更は大畑と同じ。標高五三七メートル、線区内の最高駅。近くに広がる矢岳高原から名づけられた。構内のＳＬ展示館にＤ５１１７０号が保存され、観光列車「いさぶろう」「しんぺい」も見学のための停車時間を取ったダイヤになっている。

真幸（まさき）　七九・〇　明治四十四年三月

当初は信号場。二ヵ月後の五月十一日から一般営業開始。線区内唯一の宮崎県の駅。大畑とともにスイッチバック駅で、ホームの「幸せの鐘」が有名。人吉や吉松からの「真幸」行き切符が御守として知られている。

吉松（よしまつ）　八六・八　明治三十六年九月

都城と結ぶ吉都線の分岐駅。蒸気機関車全盛時代は機関区が置かれ、終日煙が絶えぬといわれた文字通り鉄道の要衝だった。駅前には開業一〇〇周年記念で建てられた碑の側に８６２０形の動輪が鎮座、構内人吉寄りの鉄道公園にはＣ５５形５２号ＳＬが大切に保存されている。ほかに各種写真や資料を展示したコーナーもあり、鉄道全盛時代をしのばせてくれる。

栗野（くりの）　九四・三　明治三十六年九月

フェンスで仕切られた一番ホームが、かつて山野線が分岐していたことを物語る。日本名水百選に選ばれた駅裏の丸池湧水はじめ豊富な湧き水があり、栗野と吉松の合併で誕生した新町名は湧水町になった。西郷隆盛が滞在したエピソードがある栗野岳温泉の最寄り駅。

大隅横川（おおすみよこがわ）　一〇〇・八　明治三十六年一月

隼人から延伸した際、横川《よこがわ》として開業、大正九年九月一日に大隅横川に改称された。開業は嘉例川と同時で、構造も似ているが、列車交換もできる駅構内は広い。第二次大戦中に米軍機の機銃掃射を受け、ホームの柱に貫通のあとが残る。

植村（うえむら）　一〇二・八　昭和三十二年七月

線区内の鹿児島県の駅では比較的新しい。源泉掛け流しの横川温泉はこの駅からが近い。

霧島温泉（きりしまおんせん）　一〇六・五　明治四十一年十一月

開業当初は牧園《まきぞの》と呼ばれる貨物駅。旅客取り扱いは四十二年七月十一日から始まる。昭和三十七年一月十五日に霧島西口《きりしまにしぐち》と改称、平成十五年三月十五日には現在の霧島温泉を名乗るという、三度の駅名変更記録を持つ。霧島、林田温泉の最寄り駅である。

嘉例川（かれいがわ）　一一二・三　明治三十六年一月

各種メディアや旅行ポスターなどで古い木造駅舎が取り上げられ、全国的な秘境駅ブームのいわば火付け役になった。特急「はやとの風」も停車する線区内きっての人気駅。わが国最初の新婚旅行として有名な坂本龍馬、お龍さんの像がある新川渓谷温泉郷塩浸温泉は徒歩約二〇分。

中福良（なかふくら）　一一四・四　昭和三十三年二月

日当山の八ヶ月前に開業した無人駅。

表木山（ひょうきやま）　一一六・八　大正五年九月

開業時は信号場。九年十月十一日から一般運輸営業開始した。一日数回の列車交換時以外は付近の森のこずえを走る風の音が聞こえるぐらい静かな山あいの駅だ。

日当山（ひなたやま）　一二一・六　昭和三十三年十月

線内で最も若い。表木山との駅間距離は五キロ弱なのに高低差は一〇〇メートルほどあり、坂を駆け下りて市街地が近づいたことを感じさせる無人駅。日当山温泉最寄り駅。

隼人（はやと）　一二四・二　明治三十四年六月

明治三十四年、日豊本線国分《こくぶ》駅で開業、肥薩線としては横川まで開通した明治三十六年一月十五日から営業開始。昭和四年九月一日に日豊本線に国分駅ができ、西国《にしこく》分《ぶ》を名乗ったが、わずか一年後の五年九月十五日には現在の隼人に変わった。ここはもと大隅の国、肥後と結ぶ肥薩線の終点としては、オヤッと思わせられる。かつては薩摩の鹿児島が終点、鹿児島本線を名乗っていたのが、海岸線開通でそちらに線名を譲り肥薩線になったといういきさつがある。現在も特急「はやとの風」はもちろん、普通の何本かは日豊線鹿児島中央駅まで乗り入れる。駅舎外壁を特産の竹で飾っているのが目を引く。

（中村弘之）

【コラム】日本の鉄道発展と熊本人　鉄道と熊本人との関係はあまり知られていないが、けっこう注目すべき事実が見いだされる。その出発点となるのが、幕末から明治維新にかけての殖産興業のひとつの思想的基盤を提供し、日本全体にも影響を及ぼした横井小楠・実学党である。

横井小楠の高弟の一人で、明治政府に仕え、岩倉使節団に随行しアメリカの鉄道を自らの目でみた人物に安場保和という熊本人がいる。彼は、鉄道建設の推進者の一人として、同じく小楠のもとで学んだ熊本人の太田黒惟信や白杉政愛らを支援し、明治十五年に日本初の私鉄である日本鉄道（株）の誕生に貢献している。

鉄道建設への安場の貢献は、よほど大きかったのだろう。岩倉具視が安場を評した言葉として次のような文が見いだされる。「岩倉公嘗つて人に語って曰く、戊申の戦役は兵器を以てせる第一の維新なり。鉄道の敷設は経済界の第二維新なり。而して第一維新の勲功は西郷、木戸、大久保等に帰すべく、第二維新の勲功は安場も其の一人たるに相違なしと」（『安場保和伝』安場保吉編、藤原書店、二〇〇六年、二三七頁）。

さらに、安場は福岡県令時代の明治十九年に、「九州鉄道」敷設の上申書を伊藤博文首相に提出し、明治二十一年（一八八八）に「九州鉄道会社」が株式会社として発足した。そして、明治二十二年に九州初の鉄道が博多－千歳川間に開通し、明治二十四年には熊本まで繋がった。

明治四十一年に八代－人吉間の鉄道が開業し、翌年には念願の鹿児島まで鉄道による南北一本化が実現する。その際の最大の難工事であった矢岳トンネルの吉松側入り口に飾られている石額の一つ「引重到遠」が後藤新平の筆によるものであることはよく知られている。だが、後藤が安場の娘婿であったことは今ではほとんど忘れられているのではないだろうか。後藤は、翌明治四十三年に、鹿児島から矢岳トンネルを抜け八代を経て熊本に到着し、豊肥線調査のために阿蘇に出向き地域住民の熱気に感動し、豊肥線の実現にも大きな足跡を残している。

（幸田亮一）

肥薩線の近代化遺産関連年表

太字は沿線遺産に関する事項

一八八七年（明治二〇年）　鹿児島の有志、政府に鉄道建設を請願

一八八九年（明治二二年）　八代市**大築島**でセメントの原料として石灰石の採掘開始

一八九三年（明治二六年）　帝国議会で八代－鹿児島間の官設を決定

一八九四年（明治二七年）　鉄道敷設法改正。宇土－八代－鹿児島間を第一期線に編入

一八九六年（明治二九年）　九州鉄道（株）八代駅開業

一八九八年（明治三一年）　東肥製紙株式会社（後の**九州製紙・西日本製紙**）、八代市坂本町（旧坂本村）で操業開始

一八九九年（明治三二年）　鉄道作業局鹿児島出張所設置。八代－人吉間を第一工区、人吉－吉松間を第二工区、吉松－鹿児島間を第三工区と分割、鹿児島より第三工区工事着手

一九〇〇年（明治三三年）　国分－吉松間着手

一九〇一年（明治三四年）　八代より第一工区工事着手。鹿児島－国分（現隼人）間開通、鹿児島駅、加治木駅、重富駅、国分駅の開業。一九〇一年ごろ**郡築新地甲号樋門**完成

一九〇二年（明治三五年）　坂本－渡間、渡－人吉間着手

一九〇三年（明治三六年）　国分－横川（現大隅横川）間開通。嘉例川駅、横川駅の開業、横川－吉松間開通、吉松駅、栗野駅の開業。**カトリック人吉教会司祭館・信徒会館**竣工

一九〇五年（明治三八年）　人吉－吉松間工事着手

一九〇六年（明治三九年）　鉄道国有法公布。九州鉄道（株）、官設鉄道既成部分の八代－坂本間を借り受け、九州製紙工場の貨物輸送を開始

一九〇七年（明治四〇年）　鉄道国有法による九州鉄道（株）の国有化

一九〇八年（明治四一年）　鉄道院設置、初代総裁に後藤新平就任。八代－人吉間が開業。坂本駅、白石駅、一勝地駅、渡駅、人吉駅も開業、球磨川第一橋梁竣工、牧園駅（現霧島温泉駅）新設。間組、大畑駅構内に「鉄道工事中殉難病没者追悼記念碑」を建立

一九〇九年（明治四二年）　門司－人吉間線路名称を九州線人吉本線と制定。人吉－吉松間が開業、矢岳駅、大

畑駅開業、九州線人吉本線を鹿児島本線と改称。
九州製紙の鮎帰発電所竣工
一九一〇年（明治四三年）瀬戸石、那良口駅新設
一九一一年（明治四四年）人吉駅機関庫新設、真幸駅新設
一九一三年（大正　二年）**芳野旅館**創業
一九一四年（大正　三年）人吉機関庫に4110型蒸気機関車配置。一勝地駅全焼
一九二〇年（大正　九年）横川から大隅横川へ駅名改称
一九二一年（大正一〇年）**九州製紙の深水発電所**竣工。**青井阿蘇神社禊橋**（コンクリート造三連アーチに架け替え）
一九二三年（大正一二年）**山江村役場庁舎**竣工（現山江村「時代の駅むらやくば」）
一九二四年（大正一三年）**九州製紙八代工場**創業開始（現日本製紙八代工場）。湯前線（現くま川鉄道）開業。人吉－湯前間に肥後西村駅、一武駅、免田駅、多良木駅、湯前駅を新設
一九二五年（大正一四年）**九州製紙八代工場クラブ**竣工（現日本製紙八代工場クラブ）
一九二七年（昭和　二年）八代－鹿児島間（海岸線）開通。鹿児島本線から肥薩線へ路線分離・線名改称
一九二八年（昭和　三年）急行列車の導入
一九二九年（昭和　四年）国分駅から西国分駅へ駅名改称
一九三〇年（昭和　五年）西国分から隼人へ駅名改称
一九三一年（昭和　六年）段駅の新設
一九三二年（昭和　七年）肥薩線の区間変更　八代－吉松－隼人（国都線全通に伴い隼人－鹿児島間を日豊本線に編入）。**犬童家住宅**竣工
一九三四年（昭和　九年）**人吉旅館**創業
一九三八年（昭和一三年）**郡築新地新設第一号樋門**完成
一九四一年（昭和一六年）人吉機関庫にD51型蒸気機関車配置
一九四五年（昭和二〇年）第二山神トンネル大事故
一九四七年（昭和二二年）葉木、大坂間が仮乗降場から駅へ
一九五一年（昭和二六年）肥薩線八代－人吉間、湯前線にディーゼルカー初登場
一九五二年（昭和二七年）人吉駅舎増改築完成。鎌瀬駅、海路駅、吉尾駅、西人吉駅の新設。九州初の重油併燃装置付きD51型、人吉－吉松間に配備。八代市に**第一映画有限会社**が開業
一九五三年（昭和二八年）人吉－湯前駅に国鉄バスが運行開始
一九五五年（昭和三〇年）吉松機関区にC51型、8620型配置。**鶴之湯旅館**創業
一九五七年（昭和三二年）植村駅新設
一九五八年（昭和三三年）中福良駅新設。日当山駅新設
一九五九年（昭和三四年）ディーゼル準急「くまがわ」新設、ディーゼル準急「えびの」新設

一九六一年（昭和三六年）第二山神トンネル前に列車事故一七回忌記念として「慰霊碑」建立

一九六二年（昭和三七年）牧園駅から霧島西口駅へ駅名改称

一九六三年（昭和三八年）人吉駅前に「渋谷礼・樅木義道両翁顕彰之碑」建立。吉松機関区にC55型配置

一九六四年（昭和三九年）九州産業交通（株）にいすゞバス納車（現**山江村ボンネットバス「マロン号」**）

一九六五年（昭和四〇年）準急「やたけ」運転。年末年始に臨時急行「ひとよし号」運転

一九六六年（昭和四一年）準急廃止され急行に一本化。人吉機関区にC55型、C57型配置

一九七二年（昭和四七年）土石流が真幸駅を強襲。人吉－吉松間に「さよならD51」お別れ列車運転

一九七四年（昭和四九年）吉松機関区所属の蒸気機関車廃止、肥薩線初の特急「おおよど」新設

一九七七年（昭和五二年）**球磨川第三橋梁**新桁に交換。人吉駅の新駅舎完成

一九八〇年（昭和五五年）特急「おおよど」廃止

一九八七年（昭和六二年）九州旅客鉄道（株）（JR九州）発足。全線で貨物営業廃止

一九八五年（昭和六〇年）SL「ひとよし号」登場

一九八八年（昭和六三年）大坂間駅、新築され球泉洞駅と改称。**西日本製紙**解散され、**鮎帰発電所・深水発電所**廃止

一九八九年（平成　元年）くま川鉄道発足（旧湯前線）

一九九二年（平成　四年）JR九州人吉事業部発足

一九九六年（平成　八年）人吉－吉松間に「いさぶろう号」「しんぺい号」登場

二〇〇三年（平成一五年）霧島西口駅から霧島温泉駅へ駅名改称

二〇〇四年（平成一六年）特急「はやとの風」（鹿児島中央駅から吉都線）運転開始、九州横断特急、特急「くまがわ」運転開始

二〇〇五年（平成一七年）SL「ひとよし号」引退。観光列車「九千坊号」新設（日・祝限定）

二〇〇九年（平成二一年）「SL人吉」復活

二〇一六年（平成二八年）四月、熊本地震で甚大な被害

二〇一七年（平成二九年）十二月、イコモス国内委員会「日本の20世紀遺産20選」に肥薩線を選定

二〇二〇年（令和二年）七月豪雨で甚大な被害－球磨川第一橋梁、第二球磨川橋梁、西日本製紙深水発電所が流失

二〇二一年（令和三年）十二月、二〇二〇年七月豪雨で被災した渡駅解体

二〇二四年（令和六年）三月、JR肥薩線不通後、熊本－鳥栖で運行してきたSL人吉が現役を引退

二〇二四年（令和六年）四月、JR肥薩線八代－人吉間の鉄路復旧へ国・県・JR九州で基本合意

あとがき

白髪岳《しらがたけ》市房山《いちふさやま》もふりさけて
　　薩摩ざかひを汽車は行くなり

これは、大正九年（一九二〇）十二月に人吉温泉に泊まった斎藤茂吉による一首だ。当時も今も、魅力的な景観に加え、地域にとけ込んだ鉄道が醸し出す独特のぬくもりが人を惹きつけてやまない。

平成十九年十二月に山江村で開かれた肥薩線シンポジウムが縁となり、翌年、弦書房より熊本産業遺産研究会に打診があり、数回の打ち合わせを経て出版計画が具体化した。その後、執筆者ミーティングと編集者ミーティングを何度も開き、調整しつつ準備を進めてきた。

執筆者に、市原猛志さんと東川隆太郎さんという県外の助っ人を得ることができ心強かった。編集者も強力なメンバーに恵まれた。多くの魅力的な写真を撮影するとともに連絡調整の要役を務めたのは中田さん。中村さんには座談会編集等での軽やかな仕事ぶりに感心させられた。計画全体を力強く牽引したのは、人吉・球磨をこよなく愛する松本会長の熱意である。熊本産業遺産研究会がスタートして六年経つが、会員の力をあわせてこのような本を作り上げることができ本当に嬉しい。

この間、橋梁やトンネル、駅舎に関する資料をご提供頂いたＪＲ九州（株）熊本支社の細田勝則支社長をはじめ関係者の皆様に大変お世話になった。日本製紙（株）八代工場をはじめ沿線遺産の所有者の皆様も取材に快く応じて下さった。適切な助言と励ましを頂いた弦書房と合わせて心よりお礼を申し上げる。

二〇〇九年三月　　　　幸田亮一

《肥薩線を含む鉄道史》
『九州鉄道路線案内』九州鉄道管理局営業課編、九州鉄道管理局、一九〇九年
『湯前線建設概要』鉄道省熊本建設事務所、一九二四年
『肥薩線建設概要』鉄道省熊本建設事務所、一九二七年
『鉄道線路と建造物』川越温、鉄道図書、一九三七年
『改訂国鉄蒸気機関車小史』鉄道図書刊行会、一九五六年
『国鉄蒸気機関車小史』臼井茂信、鉄道図書刊行会、一九五六年
『鉄道事典（上・下）』日本国有鉄道、一九五八年
『鉄道略年表』日本国有鉄道、日本鉄道図書、一九六三年
『日本鉄道請負業史〈明治編〉』（社）鉄道建設業協会、一九六七年
『九州鉄道会社史料集　明治百年記念』鶴久二郎編、三潴町（福岡県）、一九六七年
『日本国有鉄道百年史』日本国有鉄道、一九六九〜一九七四年
『鉄道百年記念　くまもとの鉄道』河野隆、国鉄熊本物資部、一九七二年
『九州の鉄道の歩み－鉄道100年記念』日本国有鉄道九州総局、同局、一九七二年
『日本国有鉄道百年写真史』日本国有鉄道、（財）交通協力会、一九七二年
『九州鉄道大観』土谷哲晴編、鉄道公論社刊、一九七二年
『月刊世界鉄道写真全集　九州Ｄ５１肥薩線』川井彰夫編、彰文社、一九七二年
『月刊世界鉄道写真全集　九州Ｃ５５筑豊線・肥薩線・吉都線』川井彰夫編、彰文社、一九七二年
『九州の蒸気機関車』門司鉄道管理局編、同局刊、一九七四年
『九州の蒸気機関車（ぱぴるす文庫）』倉地英夫・大谷節夫著、葦書房、一九七八年
『九州の鉄道－陸蒸気から特急まで』倉地英夫・大谷節夫著、西日本新聞社、一九八〇年
『明治期鉄道史資料』野田正穂ほか編、日本経済評論社、一九八〇年
『九州鉄道歴史探訪』弓削信夫著、ライオンズマガジン、一九八〇年
『鹿鉄局30年史』鹿児島鉄道管理局編、同局、一九八二年
『熊本の駅と港』平山謙二郎編、熊本日日新聞社、一九八三年
『各駅停車全国歴史散歩44　熊本県』熊本日日新聞社編、河出書房新社、一九八三年
『国鉄全線各駅停車10　九州720駅』宮脇俊三・原田勝正、小学館、一九八三年
『国鉄の車両18　九州各線』関崇博・成田冬紀著、保育社、一九八五年
『国鉄の旅8　九州』林順信・諸河久著、保育社、一九八五年
『線路は続くよどこまでも－熊本鉄道管理局記念誌』日本国有鉄道熊本鉄道管理局編、同局、一九八七年
『日本鉄道名所　勾配・曲線の旅8』宮脇俊三・原田勝正編、小学館、一九八七年
『鉄道路線変遷史探訪4九州の鐵道100年』守田久盛・神谷牧夫、吉井書店、一九八九年
『鉄輪の轟き　九州の鉄道100年記念誌』川崎孝夫編、九州旅客鉄道株式会社、一九八九年
『日本の鉄道』野田正穂他、日本経済評論社、一九八九
『ＪＲの車両8　ＪＲ九州』保育社、一九八九年
『全線全駅鉄道の旅10』宮脇俊三・原田勝正編、小学館、一九九一年
『大正期鉄道史資料』野田正穂ほか編、日本経済評論社、一九九二〜一九九三年

『人吉球磨の交通史』人吉球磨の交通史編纂委員会、（社）人吉球磨自動車協会、一九九四年
『鉄道考古学を歩く』浅野明彦、ＪＴＢキャンブックス、一九九八年
『鉄道と近代化』原田勝正、吉川弘文館、一九九八年
『南九州のＳＬ　岩堀春夫の鉄道記録集4』ないねん出版、一九九八年
『九州ＳＬ紀行　栗原隆司写真集』ないねん出版、二〇〇〇年
『九州の鉄道１９６３～２０００写真集』宇都宮照信編、葦書房、二〇〇〇年
『肥薩の汽笛―肥薩線開通90周年記念誌』人吉市企画課ほか編、肥薩線利用促進・存続期成会、二〇〇〇年
『鹿児島の鉄道・百年（かごしま文庫）』久木田末夫、春苑堂出版、二〇〇〇年
『昭和40年代の蒸気機関車写真集Ｖ　九州編』坂井久夫著、タクト・ワン、二〇〇一年
『峠を越えて1加藤正写真集』加藤正、ないねん出版、二〇〇二年
『九州鉄道の記憶　名列車・名場面・廃止線』宇都宮照信編、西日本新聞社、二〇〇二年
『九州・鉄道の旅　カラー版・全路線ガイド』栗原隆司、海鳥社、二〇〇三年
『峠を越えて1加藤正写真集』加藤正、ないねん出版、二〇〇三年
『肥薩線／くま川鉄道』（週刊鉄道の旅Ｎｏ・37）、講談社、二〇〇三年
『峠を越えて3加藤正写真集』加藤正、ないねん出版、二〇〇四年
『昭和40年代の蒸気機関車　機関区と機関車21　九州パシフィック』藤崎良行編、タクト・ワン、二〇〇四年
『昭和40年代の蒸気機関車　機関区と機関車22　九州のＤ型機』藤崎良行編、タクト・ワン、二〇〇四年
『昭和40年代の蒸気機関車　機関区と機関車23　九州各線とＣ55全機』山口雅宏編、タクト・ワン、二〇〇四年
『ぶらりニッポン鉄道の旅　西日本編』ブルーガイド編集部編、実業之日本社、二〇〇四年
『ふるさとを旅する　肥薩線に乗って』鈴木信也、新風舎、二〇〇四年
『九州鉄道会社（1～8巻）』老川慶喜・渡邉恵一編、日本経済評論社、二〇〇六年
『九州・鉄道ものがたり』桃坂豊、弦書房、二〇〇六年
『にっぽん列島鉄道紀行　肥薩線・肥薩おれんじ鉄道』ＪＴＢパブリッシング、二〇〇六年

《県史・市町村史・郷土史・社史》

『球磨の沿革と人物』球磨の沿革誌編纂社、一九二九年
『日向馬関田の伝承』楢木範行、鹿児島民俗研究会、一九三七年
『球磨郡誌』球磨郡教育支会著兼発行、一九四一年
『東肥製紙株式会社社史』十条製紙株式会社坂本工場、一九五三年
『熊本縣史（近代編・現代編）』熊本県、一九六一～一九六五年
『熊本縣議会史　第1巻』熊本県議会事務局、一九六三年
『吉松郷土誌』鹿児島県吉松町、一九七〇年
『八代近代史（下巻）』塩崎秋義編著、自費出版、一九七〇年
『葦北郡誌（復刻版）』熊本県教育会葦北郡支会編、名著出版、一九七三年
『鹿島建設百三十年史』鹿島建設史編纂委員会編、鹿島研究所出版会、一九七一年
『芦北町誌』芦北町史編集委員会、芦北町、一九七七年
『多良木町史』多良木町史編纂会編、多良木町、一九八〇年
『大口市郷土誌　上巻』大口市郷土誌編さん委員会編、大口市、一九八一年

『新・熊本の歴史7』同編集委員会編、熊本日日新聞社、一九八一年
『熊本県大百科事典』熊本日日新聞社、一九八二年
『隼人郷土誌』三ツ石友三郎・鹿児島県隼人町編、隼人町役場教育委員会　一九八五年
『人吉市史　第二巻下』人吉市史編纂協議会編、人吉市教育委員会、一九九〇年
『球磨村誌』球磨村誌編さん委員会編集発行、一九九四年
『紙漉きの渓　坂本工場の軌跡』西日本製紙株式会社編、西日本製紙株式会社、一九八八年
『西松建設創業百年史』西松建設創業百年史編纂委員会、西松建設、一九八八年
『鹿島建設創業150年記念誌』鹿島建設株式会社編、鹿島出版会、一九八九年
『鹿島建設の歩み―人が事業であった頃』小野一成編、鹿島出版会、一九八九年
『間組百年史　１８８９～１９４５』間組百年史編纂委員会編、株式会社間組、一九八九年
『新・球磨学』熊本日日新聞社編集局、熊本日日新聞社、一九八九年
『えびの市史（上・下巻）』えびの市史編纂委員会、えびの市教育委員会、一九八九年～一九九八年
『坂本村史』坂本村村史編纂委員会編、坂本村、一九九〇年
『横川町郷土誌』横川町郷土誌編纂委員会編、横川町、一九九一年
『新聞に見る世相くまもと　明治・大正編』熊本日日新聞社、一九九二年
『栗野町郷土誌』栗野町郷土誌再版委員会編、栗野町、一九九五年
『福岡県史　通史編　近代産業経済（1）』福岡県地域史研究所、西日本文化協会、二〇〇三年
『菱刈町郷土史改訂版』菱刈町郷土誌編纂委員会編、菱刈町、二〇〇七年

《近代化遺産・構造物など》

『九州土木紀行　九州・沖縄の土木施設を訪ねて』土木学会西部支部編、九州大学出版会、一九八九年
「明治時代に製作された鉄道トラス橋の歴史と現状」小西純一他（『第9回日本土木学会論文別冊』）、一九八九年
『鉄の橋百選―近代日本のランドマーク』成瀬輝男著、東京堂出版、一九九四年
『九州橋紀行　ロマンを訪ねて』九州橋梁・構造工学研究会編、西日本新聞社、一九九五年
『熊本県の近代化遺産　熊本県文化財調査報告第182集』熊本県教育委員会、一九九九年
『文化財建造物の保存状況及び現状の価値等に関する調査報告書』熊本県建築士会調査研究委員会、二〇〇〇年
『鉄道構造物探見』小野田滋、ＪＴＢキャンブックス、二〇〇三年
「人吉機関庫に関する研究」米岡太志他（『日本建築学会九州支部研究報告』第42号）、二〇〇三年
『鉄道と煉瓦　その歴史とデザイン』小野田滋、鹿島出版会、二〇〇四年
『鹿児島県の近代化遺産　鹿児島県近代化遺産総合調査報告書』鹿児島県教育委員会、二〇〇四年
『日本の近代土木遺産（改訂版）』土木学会土木史研究委員会、土木学会、二〇〇五年
『薩摩のものづくり―近代日本黎明期における薩摩藩集成館事業の諸技術とその位置付けに関する総合研究』長谷川雅康編、鹿児島大学、二〇〇六年

《その他》

『人吉案内記』林順三、九州日日新聞社、一九〇八年（復刊　一九

七一年）
『鹿児島行鉄路一千哩』鉄道院編、一九〇八年
『鹿児島案内』肥薩鉄道開通式協賛会編、一九〇九年
『九州線案内記』九州鉄道管理局編、一九〇九年
『九州相良（一名球磨案内）』吉富福次編、九州図書発行所、一九一二年
『日本一周　中編　中国、九州、四国』田山花袋、博文館、一九一五年
『渋谷礼遺翰－客中春秋と書簡』高田素次編、渋谷勝英刊、一九六一年
『熊本県の地理』岩本政教他、光文館、一九六四年
『九州の国有林百年』熊本営林局監修、（財）林野弘済会熊本支部、一九七一年
『柳田國男農政論集』藤井隆至編、法政大学出版局、一九七五年
『木綿以前の事』柳田国男、岩波文庫、一九七九年
『渋谷季五郎の記憶』渋谷勝英編、自費出版、一九八五年
『日本民俗学の源流－柳田国男と椎葉村』牛島盛光、岩崎美術社、一九九三年
『軌跡　臼井茂信の鉄道史研究60年』臼井茂信さんを偲ぶ会編、同会、一九九五年
『安場保和伝』安場保吉編、藤原書店、二〇〇六年
『柳田國男を歩く　肥後・奥日向路の旅』江口司、現代書館、二〇〇八年

《鉄道省・各鉄道管理局資料》

『鉄道作業局年報』（鉄道省）
『本邦鉄道橋梁の沿革について』（鉄道省業務研究資料）
『鉄道統計年報』（門司鉄道管理局）
『鉄道統計年報』『熊鉄だより』『熊鉄展望』『熊鉄ジャーナル』（熊本鉄道管理局）
『鉄道統計年報』『きりしま』（鹿児島鉄道管理局）

《新聞》

九州日日新聞　熊本日日新聞　福岡日日新聞　朝日新聞

《資料提供者・協力者》

JR九州、JR九州熊本支社、八代駅、人吉駅、熊本県球磨地域振興局、山江村、球磨村、人吉市図書館、多良木高校図書館、武雄市図書館、土木学会図書館、鉄道総合技術研究所図書室、球磨川下り株式会社、日本製紙株式会社八代工場、第一映画有限会社、繊月酒造、釜田醸造、渕田酒造本店、西松建設、立山商店、鍋屋本館、人吉旅館、芳野旅館、鶴之湯旅館、新温泉、日奈久温泉旅館組合、人吉新聞社、熊本日日新聞社、熊本大学工学部、産業考古学会、九州産業考古学会、人吉カトリック教会、駅弁やまぐち、球泉洞森林館、人吉観光案内人協会、人吉鉄道案内人協会、えびの市教育委員会
この他にも多くの個人の方々に御世話になりましたが、御氏名は割愛させていただきます。

〈執筆者紹介〉（二〇〇九年当時）

福井　弘　1929年、長崎県生まれ。鉄道愛好家
小澤年満　1931年、熊本県生まれ。鉄道愛好家
山口雅宏　1936年、宮崎県生まれ。元JR九州熊本駅勤務
姫野照正　1939年、大分県生まれ。元建設会社勤務
磯田桂史　1947年、熊本県生まれ。崇城大学勤務
磯田節子　1950年、熊本県生まれ。八代工業高等専門学校勤務
菖蒲和弘　1955年、熊本県生まれ。元熊本県教育庁文化課・山江村教育委員会勤務
高木　浩　1955年、熊本県生まれ。会社員
北田愛介　1958年、熊本県生まれ。山江村役場勤務
溝辺浩司　1964年、宮崎県生まれ。熊本県教育庁文化課勤務
本山聡毅　1965年、熊本県生まれ。商工団体職員
東川隆太郎　1972年、鹿児島県生まれ。NPO法人かごしま探検の会代表理事
市原猛志　1979年、福岡県生まれ。産業考古学会評議員（福岡県）、NPO法人北九州COSMOSクラブ理事
西島眞理子　兵庫県生まれ。一級建築士

〈編者紹介（編集及び執筆）〉（二〇〇九年当時）

松本晉一　1946年、熊本県生まれ。松本歯科医院院長
幸田亮一　1954年、熊本県生まれ。熊本学園大学勤務
中村弘之　1936年、長崎県生まれ。元熊本日日新聞社勤務
中田浩毅　1971年、米国生まれ。会社員

肥薩線《ひさつせん》の近代化遺産《きんだいかいさん》

二〇〇九年 四 月二十五日第一刷発行
二〇二五年 二 月二十五日第二刷発行

著 者 熊本産業遺産研究会©

発行者 小野静男
発行所 弦 書 房
（〒810・0041）
福岡市中央区大名二－二－四三
ELK大名ビル三〇一
電 話 〇九二・七二六・九八八五
FAX 〇九二・七二六・九八八六

印刷 アロー印刷株式会社
製本 篠原製本株式会社

ISBN978-4-86329-019-8 C0026

◆弦書房の本

九州遺産　近現代遺産編101

砂田光紀　近代九州を作りあげた遺構から厳選した101箇所を迫力ある写真と地図で詳細にガイド。産業遺産(橋、ダム、灯台、鉄道施設、炭鉱、工場等)、軍事遺産(飛行場、砲台等)、生活・商業遺産(役所、学校、教会、劇場、銀行等)を掲載。

〈A5判・272頁〉【11刷】2000円

北九州の近代化遺産

北九州地域史研究会編　日本の近代化遺産の密集地・北九州市を門司・小倉・若松・八幡・戸畑の5地域に分けて紹介。八幡製鉄所、門司のレトロ地区、関門の砲台群など産業・軍事・商業・生活遺産60箇所を案内する。

〈A5判・272頁〉【3刷】2200円

福岡の近代化遺産

九州産業考古学会編　福岡都市圏部(福岡市内、筑紫・粕屋・宗像・朝倉地域)に存在する57の近代化遺産の歴史的価値と見所をカラー写真と文で紹介。巻頭に各地域の遺産所在地図、巻末に330の福岡の近代化遺産一覧表を付す。

〈A5判・210頁〉【2刷】2000円

筑豊の近代化遺産

筑豊近代遺産研究会編　日本の近代化に貢献した石炭産業の密集地に現存する遺産群を集成。ひとつひとつの遺産の意味と活用方法がより明確になるように構成。巻末に約300の筑豊の近代化遺産一覧表と近代産業史年表を付す。

〈A5判・260頁〉【2刷】2200円

【第36回熊日出版文化賞】

熊本の近代化遺産《上巻》熊本市・県央

熊本の近代化遺産《下巻》県北・県南・天草

熊本産業遺産研究会・熊本まちなみトラスト編

明治日本の産業革命遺産(世界遺産)の構成資産のうち「三角港」「万田坑」の二つの遺産を含む一一四の近代化遺産群を上下巻で紹介。カラー写真と詳細な解説付。**《上巻》**冨重写真所/第五高等中学校本館・化学実験場・表門/国有鉄道鹿児島線上熊本駅舎/緑川水系の発電所群/三角港　他**《下巻》**万田坑/八千代座/日本窒素肥料㈱石灰窒素製造工場/八代海干拓施設群/陸軍人吉秘匿飛行場木製掩体壕/大江天主堂/崎津天主堂　他

〈A5判・176頁〉**各1900円**

＊表示価格は税別

◆弦書房の本

ふるさと球磨川放浪記

前山光則　「こんなにして家も浸かったばってん球磨川への愛着はなくならんとです」。天変地異に見舞われても、〈ふるさと＝球磨川〉の実質は変わらない。◆盆地、城下町、アユ漁、山の分校、猪狩り、球磨焼酎、肥薩線、水源地……多彩な風物をじっくり見つめ直した一冊。〈四六判・３３０頁〉**２１００円**

【第61回熊日文学賞】

ていねいに生きて行くんだ　本のある生活

前山光則　小さな旅のエッセイ70本。島尾敏雄、石牟礼道子両氏と生前にも交流があり、特に奄美大島や水俣がもつ独特な風土と彼らをめぐる人々との交流を描いた。大切な人々との死別に際して、ことばがいかに心の支えとなるのかを記した。〈四六判・２８８頁〉**２０００円**

【第35回熊日出版文化賞】

昭和の貌　《あの頃》を撮る

麦島勝【写真】／前山光則【文】　「あの頃」の記憶を記録した335点の写真は語る。戦後復興期から高度経済成長の中で、確かにあったあの顔、あの風景、あの心。昭和二〇～三〇代を活写した写真群の中に平成が失った〈何か〉がある。〈Ａ５判・１７６頁〉**２２００円**

【第34回熊日出版文化賞】

球磨焼酎　本格焼酎の源流から

球磨焼酎酒造組合［編］　《焼酎の中の焼酎》米から生まれる米焼酎の世界を掘り起こす。五〇〇年の歴史をたどり製法や風土の特性を通して球磨焼酎の魅力、おいしさの秘密に迫る。球磨焼酎を愛した文人墨客、庶民の呑み方も紹介。〈Ａ５判・２２４頁〉**１９００円**

【第45回熊日出版文化賞】

食べて祀って　小さな村の祭りとお供え物

坂本桃子　熊本の小さな村で、里・川・山の恵みをいただき自然といっしょに暮していく安心感・充足感を写真と文で生きいきと伝える。著者自ら、地元の若い世代たちと「まつりを創る」ようすも収録した。お供え物５品の作り方も掲載。〈Ａ５判・２０８頁〉**２０００円**

九州・鉄道ものがたり

桃坂豊　駅舎、車両、機関車からトンネル、レール、沿線、切符、そして鉄道を支える人々まで、知ってるようで知らないエピソード満載のレール・ストーリー90篇。写真約350点掲載。〈Ａ５判・１７６頁〉**２０００円**

＊表示価格は税別